平凡社新書
971

# なぜ妻は「手伝う」と怒るのか

妻と夫の溝を埋める54のヒント

佐光紀子
SAKŌ NORIKO



HEIBONSHA

なぜ妻は「手伝う」と怒るのか●目次

＊本文中で引用した文章表現は原則、原文の通りに、グラフなどの図版上の表現は本書の表記に統一しました。

# はじめに

二〇一〇年前後の「イクメン」の登場あたりから、夫の家事や育児への参加、家事シェアが世間の注目を浴びるようになって、一〇年ほどになる。男性の育児休業取得や、家事の分担が亀の歩みのような進展を続けていたところに、青天の霹靂《へきれき》が起きた。二〇二〇年の新型コロナウイルス禍で出された緊急事態宣言だ。多くの人が、恐らく人生で初めてといってよいほど長い期間にわたる在宅勤務を経験した。残業も、仕事のあとの付き合いも、出張もなくなり、ゴールデンウィークすら外に出かけられない。人と会えず、一日の大半を、そして一週間のほとんどを家族と過ごすという、高度経済成長以来、未曾有の事態が日本の家庭に起きた。

在宅時間が飛躍的に増えて、外食が難しいとなれば、当然家庭での食事の回数が増える。結果的に、調理、買い物、食事の後片付けと、食まわり一つとっても家事の量は飛躍的に増えた。当然のことながら、家事への注目度もかなりあがった。

家庭における家事シェアの状況は、二極化しつつあるのかもしれない。従来、夫婦間である程度家事の分業が進んでいた家庭では、分業が更に進んだ。「家族が家で過ごす時間が増えて快適だ」という声が聞こえてくる。一方で、負担が激増した女性達からは悲鳴とも怒りともつかない声があがった。外出自粛当初のTwitterやネット上の掲示板には、家事のできない夫、頼んだものと違うものを買ってくる夫への怒りの書き込みが目立った。

二〇二〇年に入り、現役閣僚としては初めて小泉進次郎環境相が育児休業を取得するなど、長らく二%台に留まっていた男性の育児休業取得率も、二〇一八年度は対前年比で倍増してようやく六%台にのった。男性の育休取得の議論も政策の俎上にのぼり、男性の家事・育児への参加に対するプレッシャーもかつてなく高まってきている。もちろん、ここしばらくで、特に子育て世代の男性の意識も確実に変わってきている。専業主夫や育休取得者が珍しく、マスコミに登場していた時代は終わりを告げ、Twitterなどでも男性が育児ネタを発信するパパアカ（アカウント）がずいぶんと増えた。

にもかかわらず、二〇二〇年十月にリンナイが実施した調査[*1]では、男性の約半数（四八・二%）が自分の家事、育児への分担が増えたと自負しているのに対し、夫の分担が増えたと考えている妻は二五・二%に留まった。どうも、男性の「やっている」という実感と、女性の「夫は家事に参加している」という実感にはずれがあるようだ。女性の中に根付いたワンオペ感は強く、「ちょっと手伝ってもらったくらい」では、なかなか負担感は消えていかないようなのだ。家事や育児を担おうとする夫と、手伝ってもらっている感を得られずにいる妻のボタンの掛け違いは、女性誌の記事になりＴｗｉｔｔｅｒのネタになる。

いや、それどころか、「手伝っているのに妻に怒られる」「喜んでもらえると思ってやったのにダメ出しを食らった」といった悲惨な話も伝わってくる。どうしたら、「協力してくれないと怒る妻」ＶＳ「協力しているのにダメ出しをされる夫」という構図を解消できるのだろうか。なぜ、妻は手伝っている夫に、怒るのだろうか。本書では、男女共同参画セミナーや家事シェア講座での講演や座談会、インタビューを主催、運営する中で見えてきた、男性からの疑問、コミュニケーションの難しさ、日本の女性が陥りやすい家事に対する根深い思い込みと抱え込みに焦点をあてて、解決策を探る。同時に、日本在住の外国人のインタビューなどを通して見えてきた、日本では当たり前だと理解されている家事の特殊性や、外国人カップルとの比較から見えてくる、スムーズな家事シェアのヒントなどについても考えてみたい。

専業主婦と企業戦士という役割分担で家庭が回っていたのは、すでに過去のことだ。八割の男性が年下の女性と結婚していた時代（一九七〇年代）も今は昔。人生百年時代を迎え、どちらかが先にぼけるかも、あるいはどちらかがある日突然お一人様になるかもわからない。そう考えると、明日突然、妻の介護と家事が自分に、あるいは家事をしたことのない父親にかかってくることだって、ないとはいえない。よくも悪くも、家事は女のすることだと高をくくってもいられない時代に私達は生きている。そうした現実を考えると、最低限でも、家事はできないよりもできた方がいい。転ばぬ先の家事習得なのだ。それには、日々、家事に慣れることが欠かせない。

本書では、そうした視点から、具体的に家事の分担を進める上で意識したいノウハウや、コミュニケーションの押さえどころなどについて提示しつつ、夫の言い分、妻の言い分、外国の事例などを参考に、円滑な家事シェアについて考える。家事を愛情の表現ではなく、生活に必要な技術と捉え、完璧ではなくても家事をこなし、シェアしながら夫婦間、あるいは家族間でコミュニケーションしながら家事を楽しむにはどうしたらよいかについても、あわせて考えたい。

# 第一章　変わる男の家事現場

## 1 手伝っても妻に文句を言われる夫達

夫の家事参加、家事シェアについての議論がかまびすしくなって久しい。一九八八年から一〇年ごとに博報堂生活総合研究所がサラリーマン世帯の夫婦を対象に実施してきたアンケート調査「家族調査」[*1]によると、「夫も家事を分担する方がよいと思う」と考える夫は、一九八八年にはわずか三八％だったが、二〇一八年には八一・七％と過去最高を記録した。同じ時期、「夫も家事を分担する方がよい」と考える妻も、六〇・四％から八五・一％に増えているとはいえ、夫達に起きた急速な意識改革にはとても及ばない。家事に対する意識は、夫達の中で急速に変わってきている（図1）。

この傾向に拍車をかけたのが、二〇二〇年の新型コロナウイルス禍で出された緊急事態宣言だった。東京都が二〇二〇年六月に実施した「テレワーク導入実態調査」[*2]によると、都内の従業員三〇人以上の企業におけるテレワーク導入率は、前年の二五・一％から五七・八％へと大きく伸びた。九月以降、通常出社が増えているとはいえ、IT・インターネット業界では、フルリモートワーカーが五割を超えるといったデータも出ている。[*3]

学校もオンライン授業、行事の中止、部活の時間短縮などが浸透し、従来に比べると、家で家族と過ごす時間が長くなった。在宅時間が飛躍的に増えたことで、家事への注目度

**図1　夫婦の家事参加意識**

夫も家事を分担する方がよいと思う

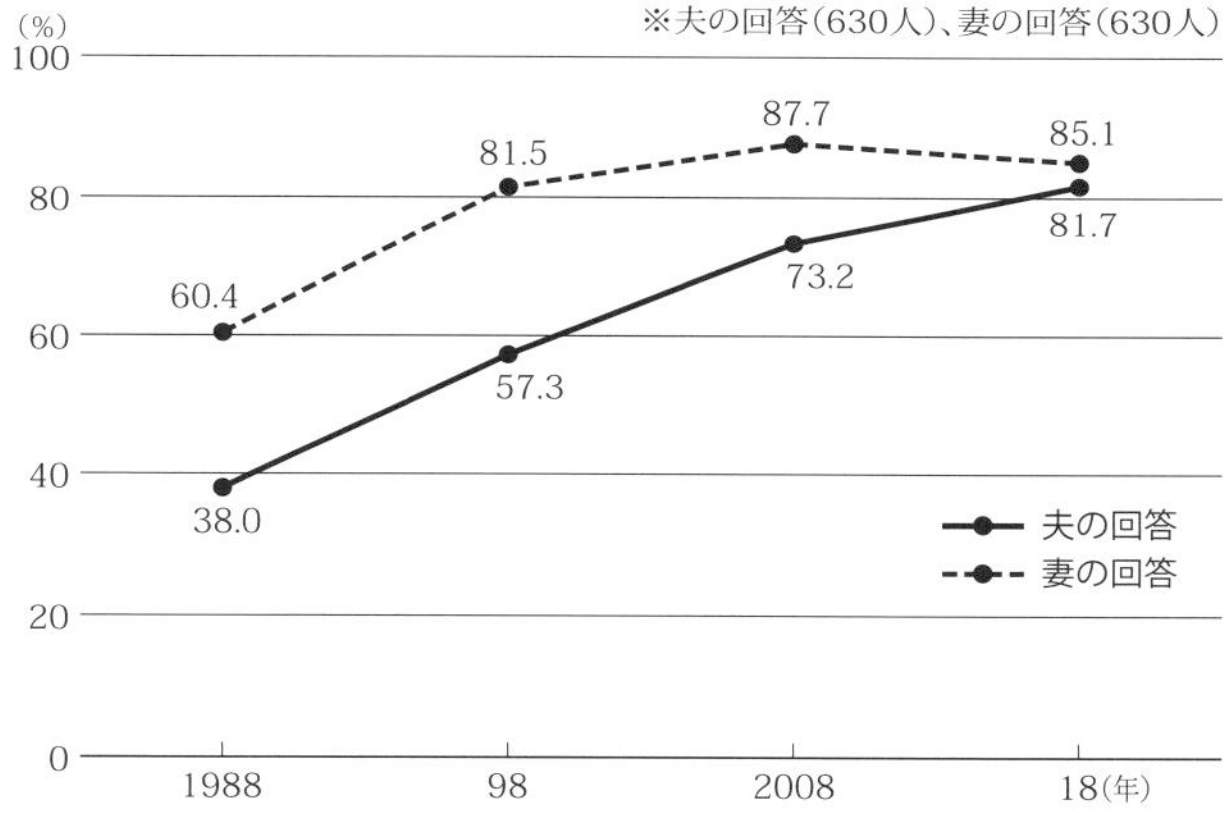


はかなりあがった。

同年五〜六月のわずか二ヶ月間の朝日新聞の見出しだけを見ても、いつになく家事関連の記事が多い。女性の負担、在宅で家事との両立に悩む共働き夫婦など、家事にまつわる様々な事象がとりあげられた。

四月一六日　「家族の口調きつく」「家事を分担」暮らし変えたコロナ
五月一三日　コロナ禍、女性に負担増「家事が増えた」
五月二〇日　新型コロナウイルスについて主婦にアンケート
五月二三日　（社説）家事の負担　自分流で見直す機会に
六月一日　家事代行サービスからの

寄付活動を開始
六月二日　家事に偏り？ 女性の七割は在宅でストレス増加、男性は…
六月六日　コロナ禍で働く主婦が夫に求める家事・育児に変化
六月七日　働くってなんですかコロナショック：五　「見えない仕事」、在宅であらわに
六月一一日　在宅勤務、ママに負担集中？ 仕事「私が減らすしか」
六月一七日　コロナ腰痛に悩む主婦、急増中 家事疲れで腰痛専門の治療院に
六月一八日　新型コロナ 父親の葛藤：下 仕事と子育て、両立の苦労実感
六月二〇日　悩みのるつぼ　家事や子育てをしない息子の妻
六月二六日　「withコロナ」で、調理の負担が増えた人八二・四％

特に、外出のできなかった期間は、夫も否応なく家事に巻き込まれた。緊急事態宣言が出た当初、スーパーにはスマホを片手に、買い物カゴを持った男性陣の姿が見られた。妻と相談しながら、商品を選んでいるのだろう。普段、買い物にこない人には、いくつもある商品の中から我が家の定番を探し出すのも容易ではないのが、およそショッピングには似つかわしくない真剣な顔つきから伝わってきた。

片手で商品をひっくり返して「賞味期限？　どれ？」と言いながらスマホに対応する人。

「そのブランドは見当たらないなぁ」と言いながら、困ったように乳製品売り場を行きつもどりつする人。できることを手伝おうということなのだろう、どこのスーパーに行っても、店内には買い物にいそしむ夫達の姿が見られた。

二〇一五年に花王が実施した、夫婦の家事参加に関する調査[*4]では、六割以上の男性が「家事をすることで家族に喜んでもらいたい」と答えている。そうした思いがあるからこそその、スーパーでの買い物だったのだ（図2）。

**図2　家事についての夫の意識**

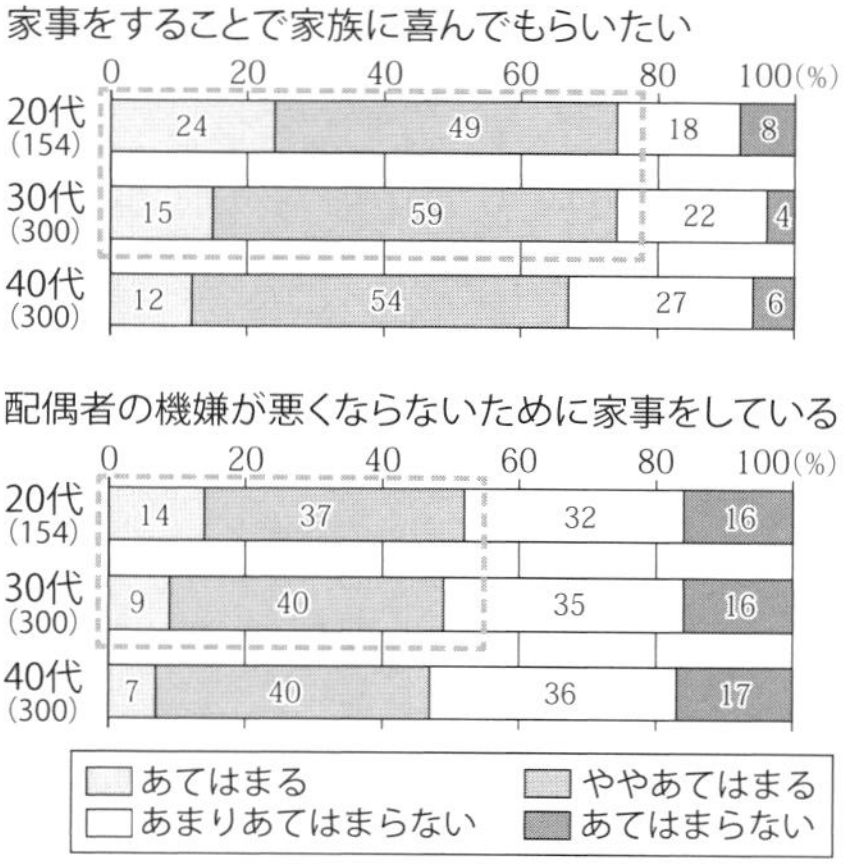


20〜40代既婚男性754人（花王 生活者研究センター調べ）

ちなみに、「家事をすることで家族に喜んでもらいたい」と考えている男性は、二〇代、三〇代、四〇代ともに六割を超え、多数派だ。特に、二〇代・三〇代は、七〇%超と群を抜いている。二〇代の場合、子どもはいても未就学児など低年齢のケースが多いので、「家族」すなわち「妻」をさすと考えてよいだろう。妻に楽をさせたい、妻に喜んでもらいたいから家事をする、という夫が実に七割を超える。

一方で、そんな夫達のやさしい心の内が、うまく受け止められていない現実も、最近の調査から見えてくる。二〇一九年にリクルートが全国の二五～四九歳の夫婦計一〇三九組を対象に実施した「週五日勤務の共働き夫婦 家事育児 実態調査 二〇一九」[*5]からは、妻に喜んでもらいたくて家事を手伝っても、なかなか芳しい結果を得られず困っている夫達の姿が浮かび上がる。

調査の中で、「家事・育児において困っていること」について尋ねたところ、「夫と妻では見事に意見がすれ違っている事実」が見えてきたという。

女性側の家事・育児の三大困りごとは、

①子どもに対しての時間がとれない（四五・三％）

②家事に対しての時間がとれない（三八・九％）

③子どもが急に熱を出した時などに仕事を休みにくい（二三・二％）

と、家事と育児と仕事でとにかく時間がなくて困っている様子が伝わってくる。と同時に、彼女達の問題は、時間の管理や、家事・育児と仕事をどうやりくりするかという、非常に自己完結的だ。

一方の夫は何に困っているだろうか。

①子どもに対しての時間がとれない（三八・一％）
②家事・育児に協力しているつもりが、妻から文句を言われることが多い（三五・八％）
③仕事が忙しくて、なかなか家事・育児ができない（三一・〇％）
最も多かったのは妻同様「子どもに対しての時間がとれない」だったのだが、それとほぼ拮抗する形で多かった答えが、「協力しているつもりが、妻から文句を言われて困っている」だった。妻がどうやったら時間を捻出できるかと、スケジュール管理で頭を悩ませている脇で、夫は妻との人間関係に悩んでいるのだ。

実際、リクルートの調査結果では、「家事への不満をぶつけられ、あまり感謝されない」「自分の家事にダメ出しをされる」「自分の思い通りにならないとイライラしている」など、夫なりに努力はしているものの、妻に認めてもらえないことを嘆く声があがったという。

夫の多くは「頑張っているつもり」だし、「自分なりにやっている」。にもかかわらずその頑張りが、どうやら妻には伝わっていないらしい。それを日常の生活の中で感じているのだ。喜んでほしい、楽にしてあげたいと思っているのに、それが裏目に出ている夫がこんなにいるとは。

## 2「妻を喜ばせるための手伝い」という発想を捨てる

その結果が、「協力してくれないと怒る妻」VS「協力しているのにダメ出しをされる夫」という構図を生み出す。

家事の協力を巡る意識のずれや感じ方の食い違いは、近年では教育学や社会学などの研究対象にもなっている。いくつもの調査を実施している東北大学大学院教育学研究科の神谷哲司准教授は、妻の夫批判は、「育児への関与への要求とやり方や考え方の違いから生じる」という。[*5] 夫の手伝いの方法や考え方が、妻のやり方や考え方とずれると、妻が夫にダメ出しをするのだ。また、手伝いが妻の求めているレベルに達しないと、喜ばれるどころか、批判の対象になってしまう現状が、調査からわかる。

では、ダメ出しされず、家事のもめ事を少しでも減らすにはどうすればいいのだろう。夫側の「協力したい」「家族に喜んでもらいたい」という思いは、どうしたら、妻にしっかり伝わるのだろう。

基本は、ダメ出しをされないように手伝うことだ。手伝いの中身をダメ出しされないレベルにもっていければ、合格点。大喜びしてもらえないまでも、感謝してはもらえるはずだ。

妻からダメ出しをされない手伝いというのは、言い換えれば、日頃妻がやっているレベルで家事をすることを意味する。それができれば、ダメ出しももめ事も格段に減る。いや、日頃の彼女の家事のレベルの上を目指すことが、感謝してもらうには必要かもしれない。

こと、掃除に関しては、「どうせやってもらうなら、しっかりやってもらいたい（つまり、普段自分がやっているよりも上のレベルを求めたい）」という傾向が、人の心理にはないだろうか。例えば、ロボット掃除機を導入すると、「思ったよりはキレイになるけれど、隅っこの仕上がり具合がいまいちよね」という話が出てきたり、「日頃の汚れを落とす掃除講座」をすると、たまりにたまった汚れで地の色が見えなくなったやかんが登場したり。どうせやってもらうなら、私がやっているレベル以上のことを期待したい、という思いが見え隠れする行動パターンに遭遇することは、長らく掃除の講座などで人々とやりとりしてくると、珍しくない。

しかし、妻の家事をする時間が夫より長い家庭の場合、妻の方が家事の熟練度が高いので、日頃の妻レベル、あるいはそれ以上のレベルのお手伝いを実現するのは、残念ながら、そう簡単ではない。

となると、「妻を喜ばせるための手伝い」を目指すのは、本当に現実的なのだろうか。妻を喜ばせるためには、妻がやってほしいことを妻がやってほしいようにやらなければならない。

妻の言うとおりにやって、妻を納得させることとなくして、彼女を喜ばせることは不可能だ。言い方を変えると、家事の現場では、妻が親方で夫は弟子。弟子は親方の家事の技を脇目に見ながら、親方の技に近づけるべく努力する。うまくいけば、親方は、弟子の仕事に満足して、褒めてくれたり、感謝してくれたりするだろう。しかし、多くの場合、何らかの不備や手違いを指摘し、指導することに神経がいき、弟子を認めて褒めることは、そうは起こらないのが実際のところではないだろうか。そう考えると、彼女が喜んでくれる、あるいは褒めてくれる家事への道は険しい。

だとすれば、まずは、「妻を喜ばせるための手伝い」という発想を一度捨ててみてはどうだろう。「妻を喜ばせ」「楽にする」という発想から離れて、彼女の弟子になるのをやめるのだ。あきらめる、と言ってもよいかもしれない。かわりに彼女を喜ばせるためではなく、自分が、そして、家族が快適に楽しく暮らすために家事を分担する、と発想を切り替える。

彼女に言われたお手伝いを彼女を喜ばせるためにするわけではないから、彼女が喜んでくれる可能性は低いかもしれない。けれども、こちらも、彼女のご機嫌で一喜一憂することはなくなるし、負担が減ったと彼女が実感してくれれば、実感した段階では喜んでもくれるし、感謝もしてくれるだろう。長期戦にはなるけれど、喜んでくれるかどうかで振り回されるよりは、よほど平和に、穏やかに家事のシェアができるのではなかろうか。

## 3 コロナ禍で家事の負担は女性に？

二〇二〇年のコロナ禍への対策として出された緊急事態宣言。四月から約二ヶ月、多くの人が、人生初めてと言ってよいくらい長い時間を、よくも悪くも、家庭で、家族と過ごす事態に見舞われた。インターネットには、三度の食事に追われ、悲鳴を上げる妻達の声があふれ、在宅でも通常に近い状態の勤務を求める企業側と、保育園や小学校が休みになり、子どもの世話をしながらの「通常勤務は無理」という働く母達の声が新聞を賑わした。

同時に、手伝おうにも、要領が悪く妻の逆鱗に触れてしまう夫の苦悩がとりあげられ、話題になったりもした。従来から家事を分担していた家庭では、この期間にさらなる分業が進んだようで、「うまく家事シェアができてなかなか快適」という話も入ってくる。

どうやら、この間に、家事負担における家庭間格差は広がったように見える。それまで、なんとなく水面下でくすぶっていた家事分担のひずみを、ニューノーマルの暮らしがあぶり出したと言えるのかもしれない。

実際の状況を見てみよう。二〇二〇年五月に家庭用品メーカーのクレハが、緊急事態宣

**図3　共働き夫婦の家事の分担状況**

あなたの家庭の家事・育児分担の割合で最も近いのはどれですか。(n=400)

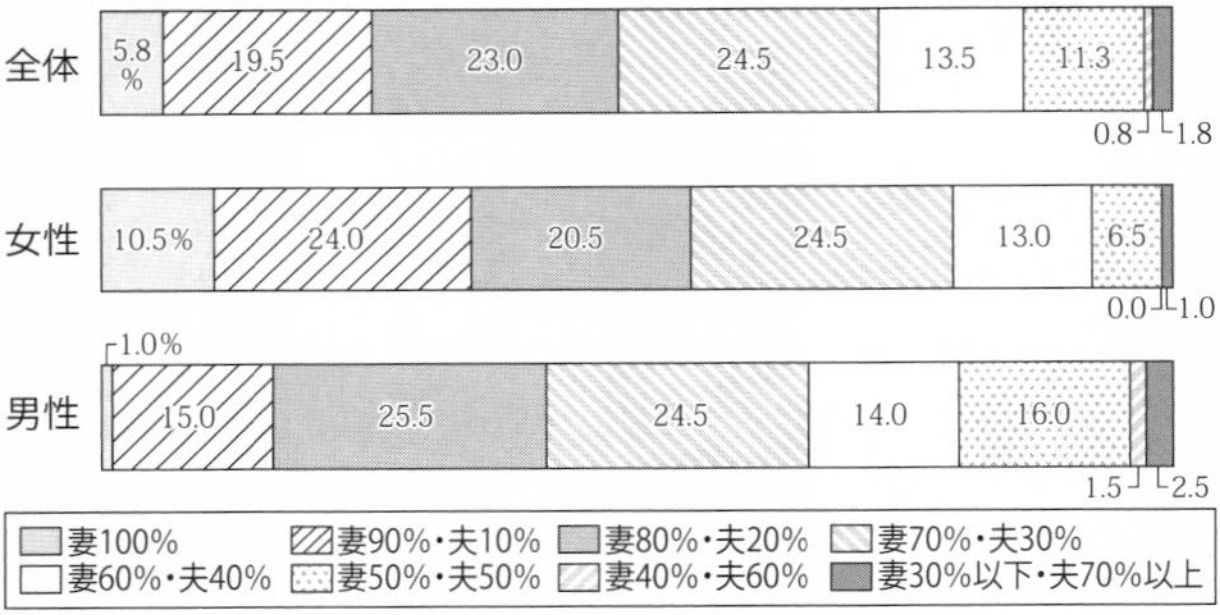


言発出後に在宅勤務となった共働きの二〇〜四〇代の夫婦四〇〇名（既婚・小学生以下の子どもがいる男女二〇〇名ずつ）を対象に、「共働き夫婦の家事シェア事情」に関する調査を実施した。[*7] それによると、家事の分担割合は、緊急事態宣言以降の調査ではあったものの、実に七割を超える家庭で、妻の負担が七割以上だった（図3）。いや、緊急事態宣言以降の調査であったからこそ、七割以上の家事を女性が担っていた、というべきなのだろうか。特に女性では、一〇〇%自分がやっていると感じている人が全体の一割を占め、七割以上を自分でやっていると感じている人は、実に七九・五%。八割近い女性が多くを自分でやっていると感じていて、ほぼ半々だと感じている人は六・五%と一割に満たなかった。

　この手の調査をすると、大体、女性に比べ、男性の方が、家事の分業は進んでいると答える人が多い

**図4　共働き夫婦の家事分担への満足度**

家事・育児の分担割合について満足度を教えてください。(n=400)

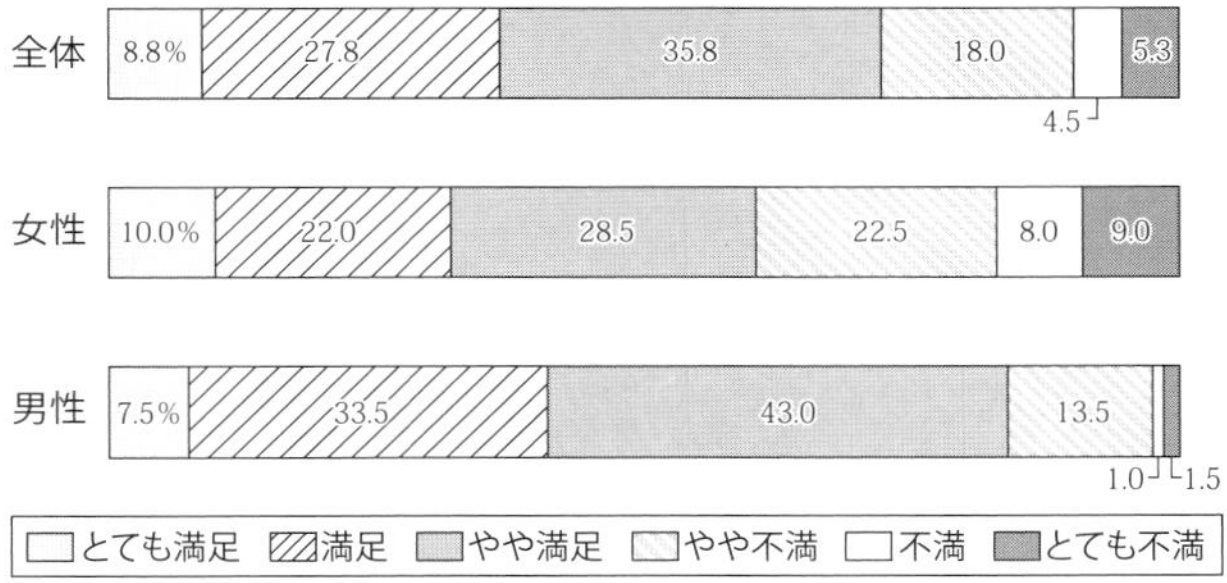


のだが、今回のクレハの調査に関していえば、半々だと答えている人は、男性で一六・〇%、半々以上に男性がやっていると自負する人は、男性全体の二割に留まった。

　ちなみにこの調査では、男性の家事の分担状況への満足度が非常に高く、「やや満足」まであわせると、実に八四%が満足していると答えている。やや不満からとても不満まで、「不満」だとしている人は一六%。実際のところはわからないが、半分以上の家事を分担する男性が二〇%であることとあわせて考えると、興味深い（図4）。

　一方、女性は、約四〇%が不満を感じている。男性の分担率の低さを考えると、男性が分担の現状に満足なのは理解できる。が女性で現状の家事分担に不満を感じる人が四割というのは、多いと見るべきだろうか。少ないと見るべきだろうか。

**図５　緊急事態による夫の家事・育児負担の変化**

緊急事態宣言発出後、在宅勤務・休校になったことにより、あなたの家庭で夫が家事・育児をする機会が増えましたか。(n=400)

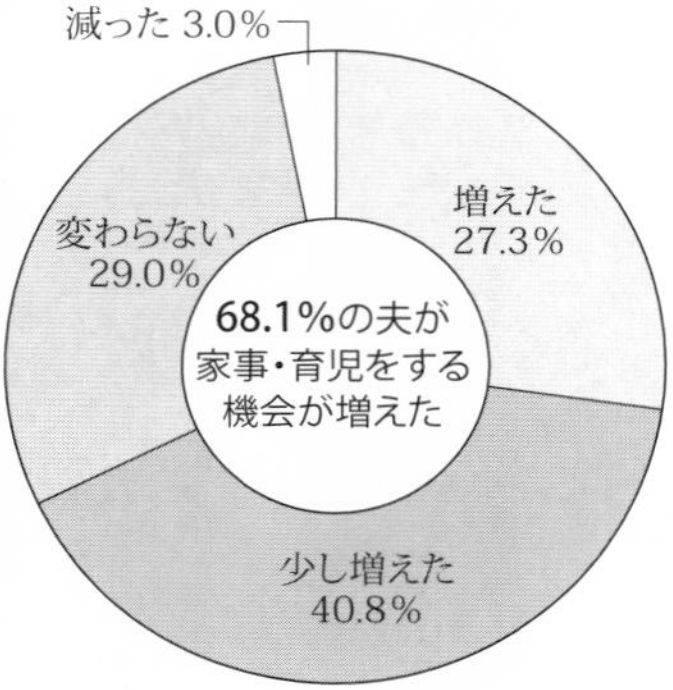


このアンケートでは緊急事態宣言以降の夫の家事・育児の機会が増えたかどうかも聞いているが、「増えた」のは二七・三％に留まっている（図５）。同様の調査をＮＲＩ（野村総合研究所）が新型コロナウイルス以降に在宅勤務を行った五一四〇人（いずれも全国の従業員五〇〇人以上の企業に正社員として勤める男女）に対して実施している[*8]が、三〇～四〇代で中学生以下の子どものいる男性在宅勤務実施者九七四人のうち、育児や家事など生活全般にかける時間が増えた男性は五七・三％だった。また、彼らの五九・〇％が在宅勤務で感じた効果として、「家事や育児・介護をする時間が確保できたこと

**図6　新型コロナウイルス感染による在宅勤務の効果（男性）**

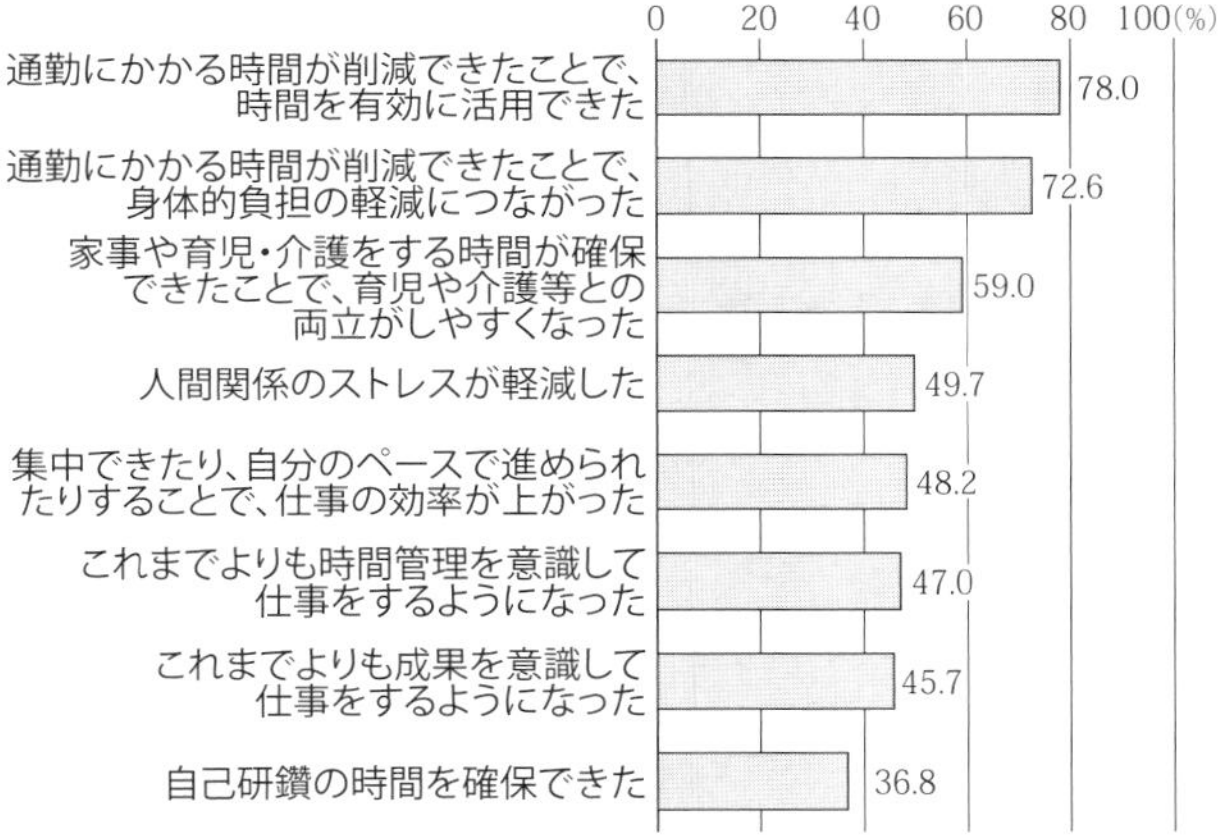


30〜40歳代中学生以下の子どもを持つ男性・在宅勤務実施者（n=974）
注）「とても感じた」「やや感じた」の合計
出所：NRI「新型コロナウイルス感染拡大に伴う在宅勤務等に関する調査（事前調査）」（2020年5月）

で、育児や介護等との両立がしやすくなった」をあげている（図6）。

ちなみに、コロナ禍前後の変化として八割近くがあげているのが、同居する家族や子どもと過ごす時間や頻度だった（図7）。

子どもと過ごす時間や頻度が増えたという人が七九・四％いる一方で、家事や育児の時間が増えたと感じる人が五七・三％に留まっていることは、男性にとって「子どもと過ごす時間＝育児」ではないという意識が垣間見えて非常に興味深い。残念ながら公開されているレポートでは、女性の意識の変化が公表されていない。しかし、女性の場合、「子どもと過ごす時間＝育児」

**図７　新型コロナウイルス感染による在宅勤務で時間の使い方がどう変わったか（男性）**

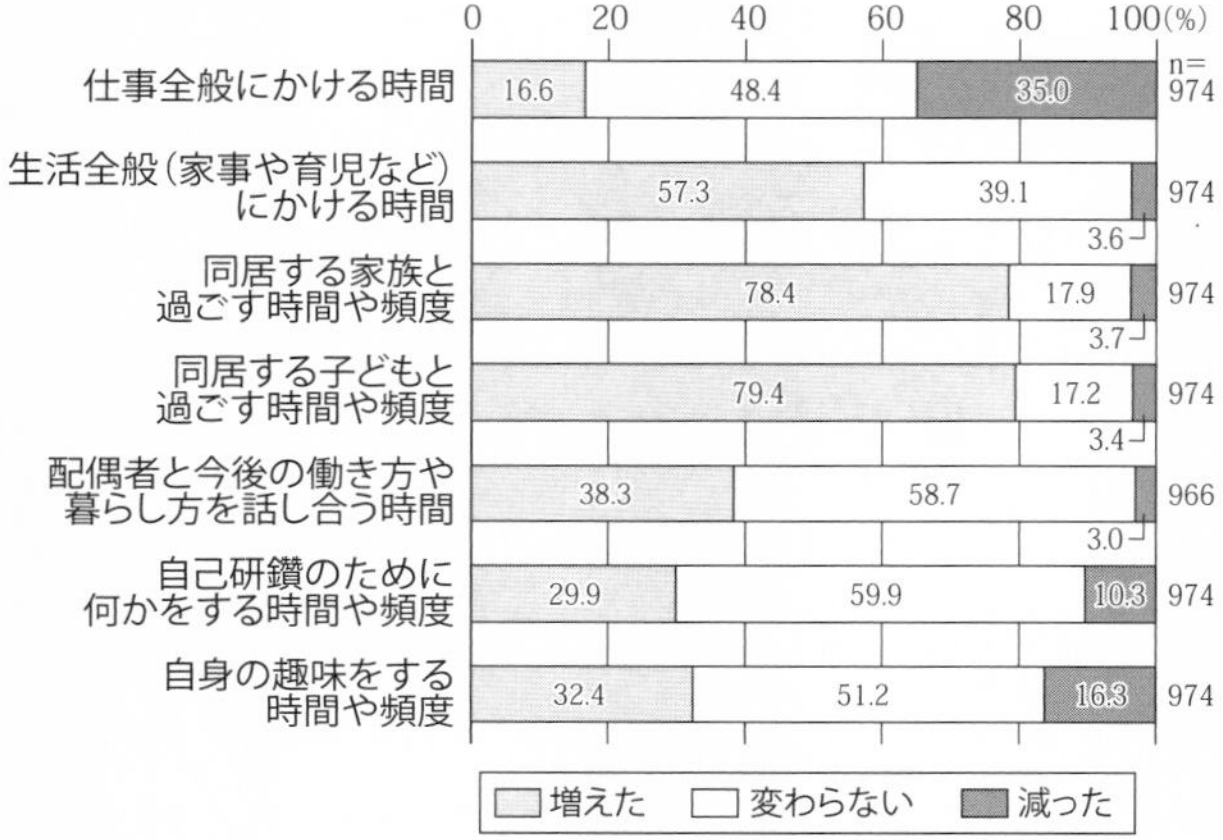


30〜40歳代中学生以下の子どもを持つ男性・在宅勤務実施者

出所：NRI「新型コロナウイルス感染拡大に伴う在宅勤務等に関する調査（事前調査）」（2020年5月）

と捉える人の割合は男性より高いのではないだろうか。そう捉えることで、家事・育児の分担の割合が夫より多いと感じ、負担感をより強く感じているケースは少なからずあるのかもしれない。

製薬会社のエーザイが「女性のエンパワーメント推進と社会活性化」を目的に立ち上げたＨＡＰＰＹ ＷＯＭＡＮ実行委員会の調査[*9]によると、新型コロナウイルス感染拡大「後」に、五割以上家事を負担していると感じている女性の割合は七五％だった。こうした家事育児の捉え方の違いが、家事育児への負担感の違いを生じさせている部分もあるかもしれ

## 図8　ライフスタイル別　新型コロナウイルスの感染拡大で自分の役割はどう変わったか（女性）

✔新型コロナウイルス感染拡大により、働く女性の63.7％が「負荷が大きくなった役割がある」と回答している
✔負荷が大きくなった役割の内容は、いずれのライフスタイルにおいても「仕事（労働力の提供）」が上位にあがるものの、DEWKSでは「母親」が5割でトップ
バリキャリでは「仕事(職場での管理者としての役割)」が3割以上で2位となった
→新型コロナウイルス感染拡大により、仕事内容や働き方・家庭の環境変化により忙しいと感じる女性の負荷が高くなっている
バリキャリは労働力・管理者としての仕事面での負担が増加、忙しさもアップ。DEWKSは忙しさは変わらないものの、仕事に加え、子どもの学校休校などによる母親の負荷が増加

**全体**　新型コロナウイルスの影響で負荷が大きくなった役割の数

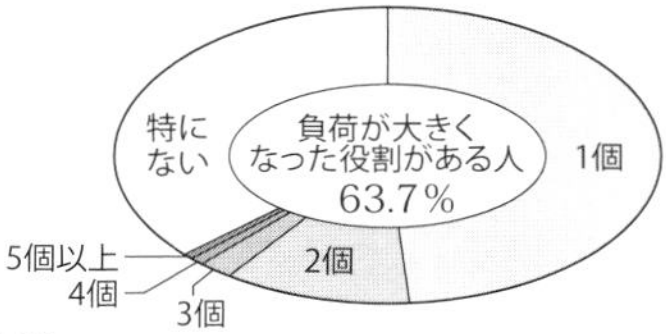


**ライフスタイル別**

| | 忙しさを感じる人<br>前回調査 全体ベース（n＝3,261）<br>今回調査 全体ベース（n＝3,442） | 負荷が大きくなった役割あり・計スコア<br>（n＝1,870） |
|---|---|---|
| DEWKS | 92％ → 89％ | 69％ |
| バリキャリ | 84％ → 89％ | 64％ |
| シングルワーカー | 80％ → 71％ | 42％ |
| DINKS | 83％ → 79％ | 49％ |

| | 負荷が大きくなった役割 TOP 5<br>（普段担う役割ありベース n＝1,870） |
|---|---|
| DEWKS | 1. 母親：49.7％<br>2. 仕事(労働力の提供)：28.4％<br>3. 妻：12.4％<br>4. 親に対しての子ども：4.4％<br>5. 仕事(職場での管理者としての役割)：3.6％ |
| バリキャリ | 1. 仕事(労働力の提供)：34.8％<br>2. 仕事(職場での管理者としての役割)：30.7％<br>3. 母親：11.6％<br>4. 妻：8.3％<br>5. 親に対しての子ども：7.8％ |
| シングルワーカー | 1. 仕事(労働力の提供)：41.3％<br>2. 親に対しての子ども：5.7％<br>3. 仕事(職場での管理者としての役割)：4.5％<br>4. 介護者としての役割：2.9％<br>5. ペットの飼い主としての役割：1.5％ |
| DINKS | 1. 仕事(労働力の提供)：32.6％<br>2. 妻：16.4％<br>3. 親に対しての子ども：3.2％<br>4. 仕事(職場での管理者としての役割)：2.3％<br>5. ペットの飼い主としての役割：2.2％ |

ない。なにしろ、同社の調査によると、コロナの感染拡大以降四九・七％の子どものいる働く女性が母親としての負担が増えたと感じている（図8）のだから。

### 4 負担感の分かれ目

ニューノーマルが静かに日常に浸透しつつある現在、家族のあり方は確実に変わってきている。家で過ごす家族の人数と時間が増えると、確かに前出の調査のように、家事が増加し負担に感じる女性は増える。私の周囲でも、緊急事態宣言以来、「家事の負担が増加して、しんどい」とこぼす友人は少なくない。

一方で、もともと、家事の分担が進んでいた知人の中には、「分担が加速し、非常に快適」だと言う人もいる。特に、男性の家事参加が積極的なご家庭では、どちらかの家事負担が増えるという不公平感がないせいか、「家族関係も良好」だという話が伝わってくる。

負担感を感じる家事と分担が加速する快適な家事の分かれ目はどこにあるのだろう。一つのヒントは、家事の捉え方にあるのではなかろうか。

日本では、丁寧に家事をすること、配慮の行き届いた家事をすることが妻の愛情の表現として評価されてきた。一方で、家事や家庭内での配慮が行き届かないことは、夫や家族に恥をかかせることにつながると考えられてきた。例えば女性誌『CLASSY.』のウェブマガジンに〝「いいな〜お前の奥さん！」夫の同僚が嫉妬する妻の特徴七つ〟[*10]という特集があった。

その特徴はというと、

①時には半歩下がる
②夫の持ち物が清潔
③男の付き合いに理解がある
④ノリが良く、おもてなしもできる
⑤褒め上手のアゲマン
⑥夫の趣味を理解している
⑦言葉遣いに品がある

の七項目だった。

ちなみに、②では「友達の奥さんの家事力の高さ」がすごいといい、④では豪華なおもてなし料理ができる妻を持つ人はうらやましいという。⑥の趣味の分野でも、理解するだけでなく、試合にお弁当を作ってくれるなどのサポートを高く評価している。

身の回りのことをきっちりやってくれて、料理も上手な奥さんの評価が高いのは一目瞭然。その上に、褒めてくれて、飲みにも行かせてくれて、品がよければ言うことなし、という話だ。こんなふうに、家事能力が女性の評価に直結する価値観で育つと、どうしても、家事に一定の完成度を求めるようになる。そして、その完成度を達成するために、どうしても女性の負担が増える……というのが、「家事の負担が増加して、しんどい」家庭での家事の捉え方であろうと思われる。

一方、パートナーとの家事分担をすすめるには、良い奥さんの家事から離れる必要がある。「日本の家事は、一種の芸術形式ですよね。今はもう、あまりそういうものに参加する人がいないかもしれないけれど、私が日本に来た当初は、お料理教室だの、お花教室だの、家事の教室だのいろいろあった。ちゃんとしたお嫁さんになるための教室がね」と言うのは、日本で二〇年以上暮らしたことのあるアメリカ人女性Aさんだ。

「日本では、（そういう教室の影響もあって）正しいやり方がこれって決まっているけれど、アメリカだとOKの範囲の幅がものすごく広い」と、現在はアメリカに帰国した彼女は言う。日本にいるときは、子ども達が日本の学校に通っていたこともあり、日本人のスタンダードにあわせようと思った時期もあったというが、現在の彼女にとって「家事は毎日の生活に必要なこと。歯を磨いたり、車のガソリンを入れるのと同じ。やらなくちゃならないから、さっさとやって済ませる」ものだ。そのやり方や仕上がりについても、夫がやれば夫のやり方で、子ども達がやれば子ども達のやり方でやり、仕上がりも異なるが、それに問題は感じない、と言う。

「家事をすることは、子どもの責任感を育てるし、家の中をまわすためのチームワークを教えてくれる」と言うのは、日本で子育て中のフィリピン人Pさん。日々の家事をそれなりにこなしていくことは、独り立ちの基本でもある。家事は人間らしく暮らすための基本的な生活の技術だからだ。

妻が、きちんとした家事をしなければという思い込みから抜け出すと同時に、夫の側もそうした生活技術を身につけることは、彼女を助けるだけでなく、自立した生活に必要なことだという発想の転換ができると、家事の分業はしやすくなる。

## 5 家事が老後の生活を支え、健康を守る

人間が人間らしく生きる上では、息をする、食べる、体をきれいにする、トイレに行くなど、「生命維持に不可欠な営み」と、身だしなみやコミュニケーション、学習や趣味など、「人として豊かに暮らしていく営み」とがあります。*11

と言うのは、川嶋みどり日本赤十字看護大学名誉教授だ。*12 看護学の第一人者でもある川嶋名誉教授は、「一人暮らしや二人暮らしで困っている高齢者でも、家事援助サービスがき

ちっとしていて、掃除、炊事、洗濯、買物などを手伝ってもらえれば、自立して暮らせる人がかなり多いはずだ」と見る。

一方で、「生命維持に不可欠な営み」だけでは、人は人間らしく生きていくのは難しい。ある程度の身だしなみを整えて買い物に行き、ご近所さんと挨拶を交わし、会話を楽しむ。家族とも話をし、自分で汚れたものを洗って清潔を維持する。おいしいと思える食事を楽しみ、ときにはその楽しみを周囲と分かちあう。そういう中で、初めて「人間らしい」暮らしが維持できるのだ。

そして、「生命維持に不可欠な営み」も、「人として豊かに暮らしていく営み」も、個人で行う営みであり、「他人がこれに代わって行動できないことが、その特徴だ」と川嶋名誉教授は言う。

「私お腹ペコペコだから代わって食べてちょうだい」とか、「あなたトイレ行って。私がまんできないわ」とか言うわけにはいかないでしょ。つまり、呼吸も、食事も、トイレにいくことも、また、身だしなみも、コミュニケーションも、すべて、その人が行わなければ満たせない欲求なのです。

自分の身の回りを自分らしく整え、周囲と交わりながら暮らすことは、本来人間らしく豊かに楽しく暮らす上では、とても大切なことだ。彼女は長らくこうした「生活行動の援助こそ、看護の仕事だ」と言い続けている。

私は一貫して、「生活行動の援助こそ、看護の仕事だ」と言い続けてきた。これをきちっとやったら、沢山の病気が防げるし、沢山の病人の病いが軽くなるし、重症化を防げる、命さえ助かるということです。

と、川嶋先生は説く。となると、その前提となるのは、ある程度の家事を自分でこなせる生活スキルを身につけていることだ。自分で自分の身の回りのことがある程度できることが、どれほど重要か。丁寧できちんとした、プロのやる家事である必要はない。サバイバルレベルで十分。まずは家事に手を染めたい。

## 6　家事のできない夫の末路

一方で、男性も家事ができないと、先々いろいろ困ったことになる可能性が高いと警告するのは、家事男子の喜与名《きよな》さんだ。「あるがままに〜美味しい料理を作りたい！　共働きサラリーマン主夫のレシピ集〜」というブログを書いている喜与名さんは、「家事ができない夫の末路」という投稿にこう書いている。

今は奥さんがやってくれているからいい。
家事や子育ては、自分の仕事と比べたらたいしたことない。
自分は忙しいんだから、家事なんてやってられない。
俺は亭主関白だと威張る。

今、そう思う夫は『そのうち自分の首を絞める』ことになるリスクが高いのです。

妻も人間。溜まったストレスはいずれ爆発します。ストレスによる心身の病気、離婚などで、家事をしてくれていたパートナーを突然失うこともあります。

もし妻が家を出て行ったら…

もし妻が介護を必要になる時がきたら…

もし妻が亡くなったら…

残されたのは、何もできない重荷の自分と、家事です。
高齢になれば、頭の回転、体力は衰えます。
そんな自分が一から家事を始めるって、かなり悲惨な事だと思います。

今やらないって事は、将来的に自分の首を絞めるリスクが高いものなのです。*13

家事を手伝わない程度で妻が出ていくなんて……と思われるかもしれないが、リクルートマーケティングパートナーズのブライダル総研が二〇一六年に行った離婚の調査*14を見ると、笑ってすませるわけにもいかなさそうだ（図9）。
離婚の原因（複数回答）をたずねたところ、女性側の離婚理由として、相手の借金（二八・四％）、モラルハラスメント（二八・〇％）とほぼ同率で、「相手が家事に協力的でない」（二七・二％）があがっている。これに「相手が育児に協力的ではない」（二六・二％）が続き、ともに四分の一を超えた。家事や育児に非協力的なことを離婚理由にあげた人は、

**図9　離婚の原因**

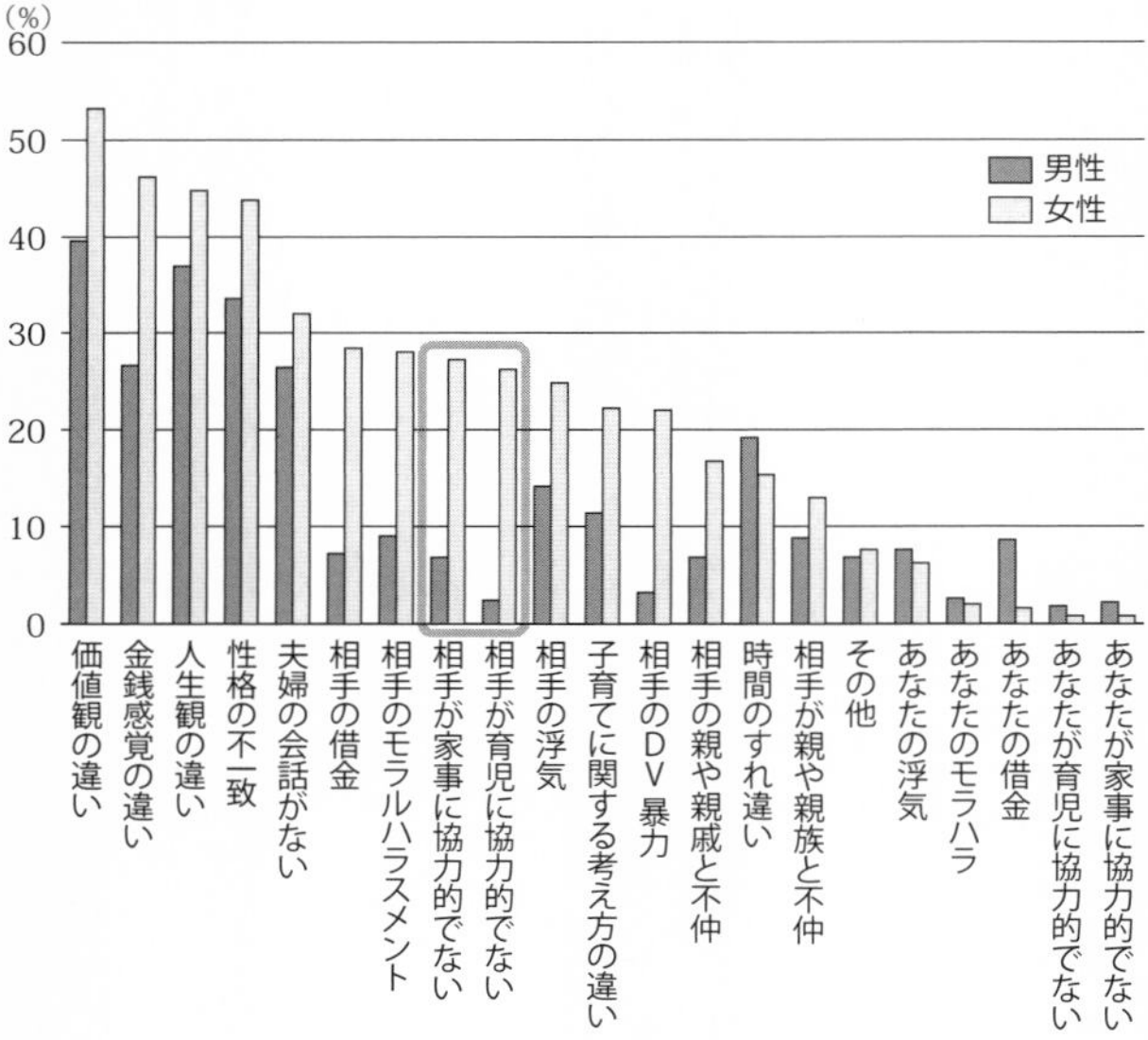


離婚に関する調査2016（リクルートブライダル総研調べ）

浮気やDVを離婚理由にした人よりも多かった。

一方、男性で家事への非協力を離婚の原因にあげた人は七％を切り、育児への非協力をあげた人は三％に満たない。喜与名さんの言うように、「奥さんがやってくれているからいい」と家事をなおざりにしていて、何もできないと、後で大変なことになるケースもあると考えた方がよさそうだ。

そうした不測の事態を含め、家事は、将来、一人暮らしになる可能性がゼロの人以外は、できないよりはできた方がいい。全く家事をやったことのない状態で突然家事をやらなければならなくなったら、生活が成り立たないからだ。

家事は経験値がものをいう。経験はあるに越したことはない。そして、その経験は継続すればするほど、確実に身につく。同時に、経験の幅が広ければ広いだけ、自立した生活の支えとなる。

家事一切をしたことがなく、完全に親に依存した状態だった子どもが、家を出て一人暮らしを始めたら、どうなるだろう。家を出るのは、恐らく実家から離れたところで学校に行くとか、仕事を始めるためだ。そうした、新たなタスクと家事が同時に降りかかると、これはかなり厳しいものがある。

## 7　家事は子どもにも不可欠

子どもはいつ、どんな形で家を出るかわからない。中学生や高校生が、短期留学でよその国のお宅にホームステイする話はよく聞く。二週間、三週間、言葉の通じない家庭で、知らない人の家に寝泊まりする。

私のまわりで子どもをホームステイに出す人の多くは、語学研修や異文化体験が目的だという。英語を楽しむきっかけになれば。将来は、長期の留学もさせたい。親の夢は膨らむ。気になるのはもっぱら、どんな家庭にステイするか、そして、何をお土産に持たせたらいいか。

しかし、意外に気がつかないのが、「何も家事のできない子どもをよそに出して大丈夫か？」ということだ。食べ終わったら、食器を片付けもせずに、ゲームを始める子どもは、ホストファミリーからクレームが来かねない。

親元を離れて寮やシェアハウスで生活するといったときにも、家事が全くできなければ、仲間と対等な生活を送ることは厳しい。ボーイフレンドやガールフレンドと住むときだって、全く家事ができず「全部やって」では、その日に蹴り出されかねない。そして、蹴り出されてから後悔しても遅いのだ。

我が家では、外国に住んでみたいと言い出した、当時高校生だった息子が交換留学の試験を受け、一七歳で海外に旅立つことになった。当時、洗濯程度は自分でしていたとはいえ、基本的な家事は私がまわしていた。もちろん、日本食など作らせたこともなかった。息子を送り出してほどなくして、ホストブラザーからは、「本当に何にも料理ができないんだねぇ」と苦笑いともつかないメールが来た。すみません、育て方が悪くて。でも、まさかこんなに早く家を出るなんて思わなかったんです。心の中でつぶやいても、もう遅い。

だからこそ、日頃から、できることを少しでも分担して一つでも二つでも家事をすることは重要なのだ。

日常の中で小さな家事を一つ任せているだけでも、そこから家事は広がっていく。夏休みなど、長期間家にいる際に、「一日一食作るか、食後食器を洗うか、お風呂の掃除をするか」と子どもに交渉を持ちかけたことがある。食器洗いを選んだ子どもが、数日したら、洗剤がなくなりそうだと言い出した。

「じゃあ、買ってきてくれる?」と私。洗剤の選択も、担当者に任せてみようと思った。

「いいよ。何を買えばいいの?」

「○○がいいかな」

「どうしてそれを使っているの?　この間宣伝で××っていうのを見たけど、そっちでもいい?」

そんなやりとりから、何を基準に洗剤を選んでいるかという話になることもある。

「今使っているスポンジも、使いにくいからついでに新しいのを買ってきてもいい?」

そんな展開になることもある。そこで、初めて、洗剤のコーナーに出かけていき、「値段も種類もいろいろだね」と帰ってくる。その中でどう考えて洗剤を選んでいるかなどといった会話を続けていくことが、他の家事への関心につながっていく。

日用品の買い物になじみがあったり、何をどこで買えばいいかといった見当がつくことも日常生活では欠かせない。ある程度商品の知識があることは、一人暮らしや共同生活にも役立つだろう。興味関心を広げるという意味でも、家事の経験は人生のプラスにこそなれ、マイナスになることはない。

**8 お手伝いは喜ばれない**

妻主導のお手伝いは、妻から指示が飛び、妻が夫の手伝った内容を評価する。日頃家事を担っている妻には、一定のやり方、一定の水準がある。既述の通り、手伝いをするからには、彼女のやっている水準をクリア、または、クリアすることに貢献することが求められる。

このあたりの妻の夫に対する批判行動というのは、学術研究の対象になっていたりもする。前出の東北大学の神谷哲司准教授と加藤道代教授の研究によると、夫が妻と違うやり方で洗濯をしたり、食器を洗ったりすると、夫の「洗い方が悪い」と、妻は夫を批判するという。さらには、「自分がやっている方法と異なるやり方を理詰めで説明する夫を「無視」したり」ということも、起こる。*15

そういう意味では、残念ながら、せっかくやったお手伝いも、妻の求めるやり方に従い、妻の要求水準に達しなければ、水の泡になってしまう。となると、前もって彼女の求めているレベルを確認するのは必須だろう。この確認を怠ると、妻の要求水準を満たせず、ダメ出しを食らう事態になってしまう。

長年妻が家事を仕切ってきた家庭の場合、手順や後始末など、細かい部分まで、妻のやり方が決まっているケースは多い。手伝うとなると、まずは、彼女のやり方をマスターし、彼女の求める水準に達するまで、修業を続けることになる。口で言うのは簡単だが、実際にこれはかなり厄介な作業ではある。

私の母は主婦歴六〇年の筋金入りの専業主婦だ。彼女には彼女のやり方が明確にあり、彼女にとってはそれが正しい家事だ。その正しさは、たとえ娘の家に来ても変わらない。食器の洗い方、しまい方、布巾の掛け方など、細かいところまで彼女には「正解」がある。当然、それに沿わない娘のやり方は「間違っている」ことになる。場合によっては、「あなたはしまい方がヘタね。使い勝手が悪いから、とりだしやすいように置き場所を変えておいてあげたわ」と、ものの置き場所をあれこれ入れ替えて帰宅してしまったりする。自分がこの程度でいいと思っていることに、「それはダメ」「こうしなさい」と、あれこれ細かく指図されれば、娘でも面倒だと思う。

それを、日頃家事をやりつけていない夫が、ご指示を仰ぎながら、マスターするというのは、口で言うより結構大変なことだと思うのだ。ましてや、今まで妻に家事を任せてきた夫が定年前後から始める家事が、一朝一夕で妻のレベルに達するなどということは、残念ながら起こりえない。

となると、妻の指示のもと、妻の手下としてお手伝いをしている限り、妻が喜んでくれる可能性よりは、せっかく「やっても感謝してくれない」という残念な結果に終わる可能性が高いことは否めない。以前、家事男子座談会をやったときも、妻のダメ出しにいかに凹むかで盛り上がったことがある。

夫は「これをやったら喜んでくれるかな、相手を喜ばせたいなという思いで家事をしている」が、これがなかなか妻には伝わらない。日々の家事を済ませるための「猫の手」に近いかもしれない。だから、猫の手の働きが思ったほどでなければ、「ありがとうの前に、まずやり方を批判される」という事態になってしまう。

家事に慣れない家族のするお手伝いというのは、文字通り経験の浅い補助員の役割だ。上司は妻、夫は家事のできないダメな部下という立ち位置になりかねない。こうなると、彼女以上の家事ができなければ、喜んでもらうことは至難の業だ。

そういう意味では、一つでも二つでも、小さな家事でよいから、まずはお手伝いからの脱却を目指したい。

# 第二章　妻が苦しむ「家事の呪い」

## 9　妻は呪いにかかっている

コロナ禍での家事シェアのアンバランスについて、メディアから取材を受けたときに、毎回決まって聞かれる質問があった。

「妻以外の人にとって、家事をシェアすることのメリットはなんですか？」

何かを分けるときに、メリットがないと分けにくいと考える人が多いのだろうか？　それとも、メリットがないのになんで、家事を分担しなくちゃならないんだ、と嫌がる人が多いということか。

家事シェアに非常に積極的に取り組んでいる知人のT氏にそんな話をすると、「そういう質問をするのは、男性の記者なの、女性の記者なの？」と聞かれた。「うーん。ほとんどが、女性の記者かなぁ」、私がそう言うと、T氏は驚いたように、「それって、メディアで情報を発信する側の女性達は、何かメリットがないと、家事を夫にシェアしてもらうのは難しいと感じているっていうことだよねぇ」と言った。なるほど、本来家事は女の仕事だから、それを夫に担ってもらうには、夫にそれ相応のメリットがないと難しい、と女性記者達が無意識に考えているから、そういう質問が出るわけだ。

この、「本来ならば、家事は女がやるべき」という昔ながらの性的役割分担と、封建的な価値観が多くの女性を呪縛する。本来ならば自分がやるべき家事を、家族にやってもらうことへの罪悪感。つらい、疲れたと思いながらも、等分に家事を分担することにつきまとう罪悪感。これは、言ってみれば「家事の呪い」だ。

東レ経営研究所のチーフコンサルタントで、NPO法人ファザーリング・ジャパンの理事でもある塚越学さんは、男女の役割分担に呪いがあると指摘する。性的役割分担という呪いにかかると、状況に応じてフレキシブルに分担することができなくなる。どんなに相手が忙しそうでも、「これは女の仕事だから、自分には関係がない」と目をつぶってしまったり、「これは本来女の仕事だから私がやらなくちゃ」と抱え込んでしまったりする。

夫婦がチームを組んで子育てを成功させるための要件の一つにあげられるのが、「ヘルプシーキング志向」だ、と塚越さんは言う。これは、「必要な時にヘルプを求め、人に助けてもらうことは良いことだ」という認識を持つことだ。無理だと思ったときに、抱え込まず、助けを求めることで、難局を乗り切っていく。言ってみれば、生きるための知恵がヘルプシーキング志向だ。しかし、「「呪い」の下では「できない」「助けて」と言ったらそれは「ダメ母」ということになってしまう」から、呪いにかかった人は、そう言われないように頑張ってしまう。そうなると、「助けを求めるのは良いことだという認識が育ちにくい」と、塚越さんは指摘する。[*1]

**図1　妻の従業上の地位別にみた妻の家事分担割合の分布（第6回調査）**

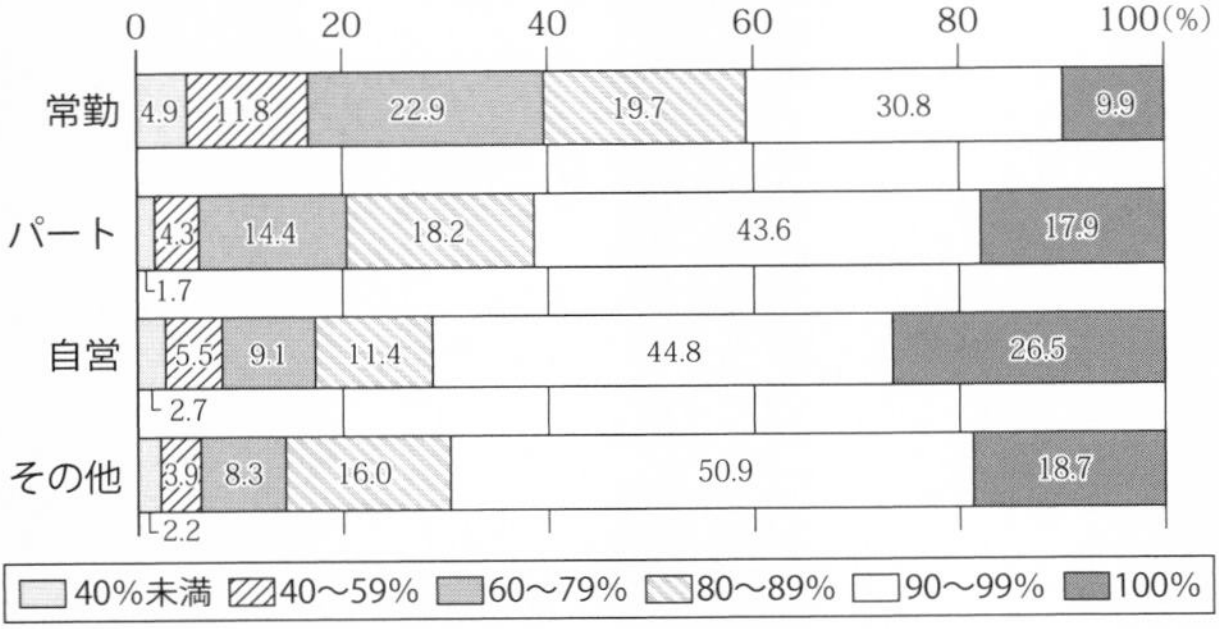


注1）妻の年齢が60歳未満の世帯について集計。四捨五入の関係で割合の合計が100にならない場合がある。

注2）「自営」には家族従業者を含む。「その他」の大多数は仕事を持たないいわゆる専業主婦である。

国立社会保障・人口問題研究所が五年ごとに実施している「全国家庭動向調査」[*2]の第六回（二〇一八年実施）によると、女性の家事の分担割合の平均は前回より二%ほど下がって八三・二%だった。常勤、パート、自営といった勤務状況ごとの家事分担の分布を見ると、自営業で七一・三%、専業主婦が大多数を占めるその他の層で六九・六%が九割以上の家事を担うほぼワンオペ状態にいることがわかる。いや、比較的経済力があると思われる常勤でさえ、約一割は完全ワンオペ、九割以上を担うほぼワンオペまで含めると、四割を超える。分担率が六割以下の人は、常勤と言えどもわずか一六・七%と、半々にはほど遠い状況が見えてくる（図1）。

例えば、メディアで取材に来た女性記者達

がフルタイムだとして、仕事をこなした上で、家事の七割を担っているとする。それは、言ってみれば、夫婦で山登りをするときに、全体で五〇kgの荷物を、夫が一五kg、妻が三五kg担いで上っていくようなものだ。コロナ禍の外出自粛などで、自宅勤務が続くと、妻の負担はときに四〇kgにあがる。その実態を取材しつつ、一〇kgを夫に渡せないだろうか、どうすれば渡せるか、と、記者さん達は考える。しかし、それと同時に彼女達は、「そうは言っても、もともと、女が五〇kg担うものだったのだから、本来は私が担がなければいけない。今の一五kg以上に、夫に担いでもらおうと思ったら、何か向こうにもメリットがないと担いでもらうのは難しいよね」と無意識のうちに考えているのだろう。

それが、妻以外の家族にとって、家事をシェアすることのメリットはなんだろうという質問になる。明らかなメリットがあれば、夫を、そして場合によっては子ども達を、説得しやすいからだ。「女性達はそこまで抱え込んでいるのか。佐光さん、家事の呪いってよく言っているけど、実は呪いは相当深いのかもしれないねぇ」と前出のT氏は驚きを隠さない。

日本で二人のお子さんの子育て中のマレーシア出身のKさんは、来日当初、日本の家事の多さ、母親の役割の多さに呆然としたという。「幼稚園の鞄や上履き袋、スモックまで、何から何まで手作りでしょう？　お遊戯会の衣装なんかも手作り。日本人の友人に、子育ての間は、いろいろなものを沢山手作りしなくちゃならないから、まずはミシンを買った方がいいわよとアドバイスされて、本当に驚きました」と言う。まわりからは、手をかけて子どものものを作ることが愛情だ、と言われたというKさん。「日本では、手作りのものを作ったり、手の込んだお弁当を作ったり、夕飯にいくつもの料理を用意することで愛情を示すんだと言われました。スキンシップ中心のマレーシアの愛情表現とは大分違いますね」と言う。

戦後、「きょうの料理」などで家庭料理の普及に尽力された江上トミさんは、「ご家庭の幸せは愛情をこめた料理から」をコンセプトに、手作り料理の大切さを強調された。手作り料理自体が悪いとは言わない。しかし、手作りが愛情を示す道具になり、手作り料理の品数が愛情のバロメーターになってくると、話は変わってくる。料理から幼稚園グッズまで、買わずに手作りすることが最良であり、それを、苦労しながら、全部作るのがよい妻であり、よい母だというすり込みは、根深い呪いとなって、女性達を追い込んでいく。

## 10「きちんと」の呪い

日本に暮らす外国籍の友人達に言わせると、日本では全てのことにやり方がある、という。地方に住んでいたアメリカ人のRさんは、引っ越した当初、なぜ、通りにゴミがほとんど落ちていないのか、落ち葉もほとんど見かけない整然とした通りを見て不思議だったという。「ところが、ある日、我が家の玄関前が落ち葉だらけの状態で仕事に出かけて、戻ってきたら、きれいになっていたの」。そこで初めて彼女は、お隣さんが掃いてくれたことに気がついた。それ以来、彼女は手のあいている朝は掃除をするようになったという。「家のまわりは、朝のうちに住人が掃くものなのね。それに気がついてからは、よく見ると、確かに、近所の人が朝のうちに表を掃いている姿が目に入ってくるようになった」そうだ。この地域にはそういうルールがあるんだよ、と引っ越して来たときに誰かが教えてくれればいいのに、と彼女は思ったそうだ。日本では、日常の生活にこういう暗黙のルールがたくさんある、と彼女は言う。

日本での生活についてインタビューをすると、「やり方が決まっていても、誰も教えてはくれないから、自分で日本の生活習慣を感じ取っていかなくちゃいけないのが大変」と言う外国人は意外に多い。

誰から言われなくても、常にまわりに目を配りながら、常識から逸脱しないレベルに横並びで家事をすすめるのは、日本ならではの習慣らしい。そして、「常識はずれにならないように、悪目立ちしないように、ものすごく気を配っている」というのが、私のまわりの外国人女性達の目に映る日本の女性の姿だ。

これを、一言で言うなら、「ちゃんとする」「きちんとする」ということになる。息子の幼稚園の面接にGパンで行こうとして、日本人の夫に止められたというアメリカ人のLさんは、面接当日、何回も何回も夫のダメ出しに応じて着替えたという。「最終的に彼が納得して落ち着いたのは、お葬式に行くような濃紺のスーツだったのよ。アメリカじゃ、学校や幼稚園にあういう格好では行かないわ。だから本当に、驚いたの」と言う。

子育て真っ最中のフィリピン人のPさんは、「小学校に持っていく鞄一つとっても、普段使っている真っ赤な花がいくつもついたようなものだと、変に外国人の派手なママだって目立ちそうだから、地味な紺の鞄を買ったのよ。日本の小学校は大変」と笑う。

誰かが人々の前で後ろ指をさして何かを言うわけではない。が、常にまわりの様子に気を配っていないと、陰で何を言われるかわからない。ヘタに目立って得なことは何もない。そんな雰囲気は、子どもが日本の教育システムにいれば、誰でも直面することらしい。日本で生まれ育った日本人ならなおのことだ。

だからこそ、「後ろ指をさされないように」家の中をまわすことに、妻は日々汲々としているのだ。後ろ指をさされず、悪目立ちしない生活を、自分を含め家族全員に送らせることは、日本の女性達に課された使命なのだ。その使命を「きちんと」果たしてこそ、初めていい妻、いい母なのだから。

こうした社会全体の求める「きちんと」した家事や、家庭生活へのプレッシャーは、金縛りのように日々の生活のあり方を硬直させ、徐々に心を縛り上げていく。ひとたびこの金縛りにあうと、本物の金縛り同様、本人一人ではなかなかその呪縛を解くのは難しい。日々の妻の行動を呪いにかかっているという目で見ると、夫に対する一見理不尽な怒りやクレームにも、それなりの背景があることが見えてくる。

## 11 私が家の責任者

玄関に脱ぎ散らかされた靴の整理から始まって、家の中の整理整頓、食事の準備、子どもの身だしなみから、学校の成績、お弁当を持たせる、忘れ物をさせないための声かけ、家族の予定管理、日々の家計のやりくりから親戚づきあいまで、家の中にはいろいろと管理遂行しなければならないことがある。

それを一通りこなして、家族の生活を支えるのは誰の責任だろうか？　多くの妻は、それを自分の責任だと感じている。二〇一六年に『AERA』の共働き特集で大いに話題を呼んだのが、「共働きの家事育児一〇〇タスク表」[*3]だ。その後、マイクロソフトのパワーポイントで作った家事分担表テンプレート[*4]や、夫VS妻ではなく家事・育児VS夫と妻のサポートを謳った家事分担アプリ Yieto[*5] など、様々な家事共有のためのツールが出てきている。
が、様々なツールで家事をいくら可視化しても、可視化しきれないものがある。「自分が家の責任者だ」という責任感だ。別の言い方をするなら、一〇〇あるいはそれ以上ある家事が無事遂行され、家の中がまわっているかどうかを常に監視確認し、安全と健康に気を遣い、問題があれば、飛んでいって対策を講じる……、気働きとでも言えばいいだろうか。

四人家族なら、社員三人の中小企業の社長さんといったところだ。いやいや、社長は夫だろう。稼いできているのは夫なのだから。世の中にはそう考える人が多いかもしれない。けれども、実際には夫は現金を持ってくる営業部長相当だというのが、多くの妻の認識ではないか。百歩譲って営業担当副社長。

一方の妻はというと、総務、人事（含む子どもの教育）、経理、現場監督などを担っている。そして同時に、自分の業務がうまくこなせているか、社員が順調に暮らしているかにも目配りを欠かさない経営者としての責任も、とても強く感じている。

ここで大事なのは、家庭全体の円滑な運営に一番の責任を感じているのは誰か、ということだ。売上げだけでなく、経営全般に責任を感じ、責任を持つのが経営者であるとすれば、妻が経営者としての責任を非常に強く感じているケースが多い。そんなことは頼んでいないとか、そんなに責任を感じなくても、という話ではない。どうやら、これはある程度日本の社会で育てばすり込まれてしまう責任感のようなのだ。

二〇一七年から一八年にかけて兵庫教育大学で行った、就学前の子ども達の親への仕事と家庭に対する意識調査[*6]によると、夫は「家にいる時間が最近少し増えてるから……、家事とか見てる」「奥さんは、（家事は）本来自分がすることって思ってくれてて」と、基本的に家の中のやりくりは自分の本来の仕事ではないというスタンスが目立つ。一方の妻は、「家族が一番大事」であり、「家族とか家がぐちゃぐちゃになると、なんのために働いてるのかわかんなくなるんですよね」というように、家や家族がうまくまわることが最優先。それが実現して初めて仕事をしている意義を感じている。家がぐちゃぐちゃだからといって、「なんのために働いてるのかわかんなくなる」夫が一体どれくらいいるだろう。しかし、家庭を守るという意識が強い女性では、こうした発想は珍しくない。

だから、夫はその責任感をどうするかを考える前に、まずは、パートナーたる妻は、家全体の経営責任に非常に強い責任を感じている（ケースが多い）という現実を、心にとめていただきたい。

## 12 最後は逃げられない妻

零細企業とはいえ、数人の社員と仕事を分担している会社組織と違って、家庭の経営で実働部隊となり得るのは、自分とパートナーしかいない。

子どもも、ある程度の年齢になれば、運営に参画することはできるだろうが、参画できる子どもを育てるのが誰の仕事かといえば、それは多くの場合、母親たる妻の人事部長的業務だということになる。

戦力外社員である我が子は、当初の予想よりできが悪かろうが、出向先の学校や保育園で多少のもめ事を起こそうが、解雇することもできなければ、育成を放棄することもできない。それどころか、熱を出して倒れれば、飛んでいって救出し、宿題が提出されていないと電話が来れば、社員に代わって頭を下げる。自分に非がなくても、経営責任者としては、対応せざるを得ない。

営業部長たるパートナーが人事部長を買って出てくれればいいが、そうでなければ、たまに、義父母とか実父母という名のパートタイム社員を導入しながら、日常的には社長兼人事部長が努力と忍耐で乗り切ることになる。

営業部長が忙しそうにしていれば、社長としては文句は言えない。残る仕事は、可能な限りこちらで引き受けよう、ということにもなる。営業部は、通常、得意先の業務が終了すれば仕事は終わる。ところが、総務や子ども育成人事はそうはいかない。

場合によっては深夜業務や弁当作製のような早朝業務もあったりする。営業部長が一日の業務が終わって、一休みしていても、社長としては、なかなか「業務が終わったところで悪いが、総務の手が足りないようだからそちらに回ってくれ」とは言えない。

そして、もし、総務が手一杯で、営業部長に出動を頼んだ際、「すみません、今日は残業で」と言われたら、総務部長兼社長としては「なるほど。じゃあ、こちらでなんとかします」と、業務を完遂するしかない。何しろ、経営の責任者なのだから。営業部長は、部門外のことを断ることができても、経営責任者が手を放したら家の日常は破綻してしまう。だから、営業部長が引き受けなかったり、途中で本業が入ってしまって手放したものも、最後は経営者が片付ける。もう少し、担当の幅を広げてくれよ、と思いながら。

家の中をうまくまわしていく責任は自分にある、ということは、自分が最終責任者だということだ。別の言い方をすれば、「自分がやらなければ、他にやる人がいない」という背水の陣の自覚だとも言える。

保育園に子どもを預けて働く知り合いの女性が、「今日は残業デー。夫が娘を保育園に迎えに行ってくれるんです」という話をしているときに、携帯に電話がかかってきた。

「残業が入って、お迎えに行けない」という夫からの連絡だった。「結局、最後は私が引き受けることになる」、彼女は怒りながらも半ば諦めたようにそう言い残して、定時でお迎えに出ていった。

が、もし、妻と夫の立場が逆だったらどうだろう？　「ごめん、残業でお迎えに行けない」と電話をかけてきた妻に「しょうがないな」と怒りながらでも仕事を切り上げて行ってくれる夫はすばらしい。が、まわりではあまりそういう事例を耳にしない。一方で、「そんなことを急に言われたって」と言い返しつつも、最終的には迎えに行けないという夫の言い分を受け入れ、妻が残業を断ってお迎えに行くパターンは、まわりの話を聞く限り、少なくない。

いざとなったら、断れる立場で家事や育児を引き受けている夫と、最後は逃げられないと思っている妻。それぞれの引き受ける責任の重さは、ときに、経営者と新入社員以上に差があるのではなかろうか。

**13 世間のプレッシャー**

「私が最終責任者」という呪いは、いろいろな形で彼女達を包み込む。保育園の例でいえば、子どもが熱を出した、怪我をしたという緊急時に携帯が鳴るのは、かなりの確率で妻側だ。両親の携帯番号が併記されていても、鳴るのは母、妻の携帯なのだ。これは、保育園側に「子育てはお母さんが中心」という発想がいまだに根強いからだと思われる。本人が意識していなくても、「家族の面倒をきちんとみるのがいい妻・いい母」というプレッシャーが否応なしにのしかかってくる。一つの例をご紹介したい。

友人が、育休明けに娘さんを保育園に預け始めた当時のこと。彼女は娘さんの髪をとかし、身なりを整えてから登園するようにとても気をつけていた。ある朝、彼女が先に家を出て、娘さんをパートナーが保育園に連れていった。夕方、娘さんを迎えに行った彼女は、愕然とする。娘がくしゃくしゃの髪の毛のまま登園していたことがわかったからだ。もはや、「今朝は連れていってくれてありがとう」どころではない。彼女はパートナーに食ってかかった。

「いい？　娘が変な格好をしていて批判されるのは、あなたじゃなくて私なのよ！　わかる？」

「自分で自分の言っていることにちょっと驚いちゃった」、彼女はそのときのことを振り返ってそう苦笑した。「でも、それがまわりの見方でしょう。だから、ついそういう言葉が出てきたの」。

保育園に預けてわずか数ヶ月。それまでに、誰かに娘さんの髪や服装の乱れを指摘されたことはなかった。それでも、彼女は、痛いほどまわりの「母親への期待」を感じていた。だからこそ、「批判されるのは、あなたじゃなくて私」という言葉が口をついて出たのだ。彼女は続ける。

「例えば、夫が子どもを保育園に連れていくと、まわりの人は「なんていいご主人なの。優しくて」みたいなことを言うじゃない？　たとえ娘の髪の毛がぐちゃぐちゃでも、よ。でも、もし、私がそういう状態で娘を保育園に連れていったら、「あのお母さん、娘の髪の毛一つちゃんと整えられないの」って言われるでしょう？」「お父さんが求められるものとお母さんが求められるものってものすごく違う」と彼女は話を結んだ。

ちなみに、この友人夫婦はフィリピンから来ている。「子どもがちゃんとしていないと、お母さんがダメ、子どもの身だしなみの責任者はお母さん、っていうのはフィリピンも日本も同じ？」と聞いてみると、お父さんとお母さんなら、やはりお母さんの責任だと見る傾向は両国に共通している、と言う。

ただし、フィリピンでは、共働き家庭の多くにナニー（ベビーシッター）やお手伝いさんがいる。「そういう意味では、母親の他にも子どもの面倒をみる人がいるから、お母さんだけにプレッシャーがかかるということはないわね。自分のせいだって考えることもないと思う」という答えが返ってきた。

先日、ウーマンエキサイト[*7]に、同じ会社に勤める共働き夫婦の妻が、人事面談の最後に、「面談自体は本当にスムーズに終わったのに、最後に夫の体調不良について指摘されました」という記事が出ていた。「旦那さんの体調管理の方も奥さんとしてお願いしますね」と言われたというのだ。会社が、体調を崩して仕事を休みがちの夫の健康管理は妻の責任だと考えていることが伝わってくるやりとりだった。「私も夫も働いてるし、大人なんだから健康管理くらい自分でしてくれー！　って言うのが素直な気持ちでした」と筆者は言っている。その通りだと思う。思うが、「健康管理もしてあげない冷たい妻。ひどい妻」という厳しい視線を感じるのも、また事実だ。

### 14 世間は夫を褒めるもの

福井県済生会病院の麻酔科医で、二〇一三年に第五子の出産で初めて育児休業を取得した下《しも》弘一医師は、自らの体験を日本臨床麻酔学会第三八回大会のシンポジウム[*8]で次のように語っている。

「父親が幼稚園の送り迎えに行くと「男性なのに偉いですね」などとよく言われました。他にも「子どもが五人もいるなら、家事の手伝いもするのですか」という質問もよく聞かれます」。

男性が家事や育児の前面に出ると、多くの場合、周囲はその男性を褒め、持ち上げる。下医師が言うように、「育児や家事は母親がするのが当たり前で、父親は「お手伝い」程度にやるものだという社会的な思い込みがある」からだ。お手伝い以上のことをやるなんて、あなた、偉いわね、というわけだ。

ファザーリング・ジャパン関西代表の和田憲明さんも、専業主夫になった当時を「送り迎えしていることをママさんたちは褒めてくれるんですよ、「偉いね」って。今思えば、お母さんたちも毎日やっているあたりまえのことで、偉くなんてないんですが[*9]」と振り返る。そう。育児や家事にいそしむ夫は、周囲からは大いに褒められることが多い。ただし、その賞賛の視線が向けられるのは夫限定だ。

二人のお子さんを抱えて働くみゅあさんはTwitterでつぶやく。

休みの日のお昼旦那が作ってくれましたーって言うとだいたいの人が「いい旦那さんね」って旦那を褒めてくるんだけど、土日の計六食中一食担当した旦那が褒められるんなら残り五食担当した私は崇め奉られてしかるべきでは？　と思うのに誰も崇めてくれないの納得いかない。

ちなみにこのツイートは、つぶやいて二日経たないうちに六八〇〇を超える「いいね」を獲得した。彼女への返信を見ていて気づくのは、夫が褒められることを怒っている人が少ないことだ。「私もやっているんだから褒めてほしい」「褒めてくれないなら、私が褒めてあげる」というやりとりが続く。

そして、その一方で、子育てや家事をお手伝い以上に夫に任せている妻への視線は意外に厳しい。三人目のお子さんが生まれたときに育児休業を取ったというタツロウさんは、[*10]「職場では、子育てを一段落終えた女性が多いです。意外だったのはそういった方に自分が育児をしていることを話すと妻は一体何をしているんだと言う意見が多かったこと」だという。実際に当事者、特に妻に向かってそう言う人は多くはないかもしれない。けれども、夫側を褒める裏にある「妻は一体何をしているんだ」という厳しい視線を常に妻が意識していることは、意外に夫に伝わっていないのではなかろうか。

例えば、前出の友人の例で言えば、子どもの髪の毛が乱れていても「お父さんにそこまでやってもらうのは無理。ママがちゃんと面倒を見てあげなければ」という見方が後ろに潜んでいる。いや、実際に潜んでいるというよりは、妻はそういう見方を感じ取っているといった方が正確かもしれない。そして、その見方を妻に対する評価と夫に対する評価に分けると、夫側は「偉い」けど、妻側は「何をやっているんだ。努力が不十分」ということになる。だからこそ、そういう社会のプレッシャーを感じながら暮らしている妻からは、ときとして「いいわよね、アナタはちょっと送っていっただけで、いいパパなんて持ち上げられて。ついでに私の顔に泥まで塗って」というやっかみとも被害妄想ともとらえられかねない言葉が口をついて出ることは、頭の片隅にあってよいのではないかと思う。

## 15 妻の面子を理解する

この手のプレッシャーは、夫の理解度や夫婦間の協力とは全く関係なく、否応なく妻に襲いかかる。文字通り、一種の呪いだ。妻は「愚母悪妻」のレッテルを貼られまいと、無意識に日々悪戦苦闘している。だから、普段から娘の身支度にはとても気をつけているのに、くしゃくしゃの頭のまま娘を保育園に連れていかれたりすると、「私の顔に泥を塗りたいのか」と怒り出したりする。

「手伝ったのに」「約束を果たしたのに」わずかな落ち度をみつけて彼女が怒り出したら、その理由は、母親に異常に厳しい世間の目を気にして、悪評を買わないように頑張っている裏事情への、夫側の理解不足のせいである可能性は高い。そんな状況のところに、売り言葉に買い言葉で「文句を言うなら、もう保育園に連れていかない」などと言おうものなら、亀裂は深まるばかりだ。

世間体のプレッシャーを理解しない夫の心ない言葉を、忘れない女性は多い。口論などで古い話を蒸し返され、「そんな昔のこと、よく覚えているよな」と言う男性もいる。が、恐らくそれは、いい妻・いい母プレッシャーが、結婚して以来、あるいは出産して以降、途切れることがないせいだろう。

父親から見れば、保育園時代の一時の出来事だ。過ぎてしまえば昔の話、記憶の彼方にいってしまう。一方の母親の周辺では、いい妻・いい母プレッシャーが延々と続く。何かあれば「母親は何をしているんだ」「(母)親の育て方が悪いんじゃないか」「あそこのお母さんはだらしないから」と攻撃される生活は、小学校でも、中学、高校に入っても延々と続く。記憶は過去に葬られるどころか、毎日更新され続ける。そして、そういう生活を続けるうちに、自分でも、後ろ指をさされないようにと、必要以上に神経をとがらせて暮らすようになってしまう。その状況に気づかない夫の言葉の数々は、前に言われた言葉のリツイートのごとく、記憶からはなかなか消えない。

せっかく手伝ったのに妻が怒ったら、どこに認識のずれがあったかを冷静に分析してはどうだろう。言われた言葉にむかついて言い返しても、事態は一向に改善しない。まずはコーヒーの一杯でも準備して、彼女の言わんとすることに耳を傾けてはどうか。妻の心の中にある「登園の準備」と、夫が想定していた「登園の準備」のずれをきっちり埋め合わせれば、ことは済むのだ。

余談だが、先のフィリピン人のパパは、妻の逆鱗に触れ、「そうか、娘の髪の毛を整えてから登園させるのは、妻の面子を保つために欠かせないのだ」と理解したあと、YouTubeで女の子のヘアスタイルを猛研究したという。「二度と私に文句を言われたくないと思ったんでしょうね」とママが笑う。お陰で、今ではママよりパパの方が、よほど娘のヘアスタイリングは上手になり、パパの株はグンとあがったそうだ。

「なんだよ、せっかく手伝ったのに」と言う前に、ぜひ一度、作業の内容の理解にずれがなかったかを確認しよう。職場で、作業の中身を確認するように。

## 16 なぜ妻は「汚い」と怒るのか

夫が家事を手伝うと、妻からダメ出しを食らうという話は多い。

リクルートが推進する働き方プロジェクト「iction!」(イクション)のアンケート[*11]でも、妻への不満には、

- 家事への不満をぶつけられ、あまり感謝されない(三二歳)
- 自分の家事にダメ出しをされる(三二歳)

・理想が高すぎてついていけない（四三歳）
・自分の思い通りにならないとイライラしている（二六歳）

といった、ダメ出しに心折れる様子が紹介されている。

同じくiction!が家事をする夫一〇〇〇人に行ったアンケート[*12]によると、「妻に怒られやすい家事TOP3は…「洗濯」「食器洗い」「掃除」」だとある。せっかくなので、この三つについて考えてみたい。

洗濯、食器洗い、掃除に共通するのは、「汚れを落とすこと」だ。ということは、汚れが落ちていなければタスクを完了したとは言えない。では、どういう状態を汚れが落ちたというか。例えば、口紅のついたワイングラスを洗うとする。汚れが落ちているというのはどういう状態のことだろうか？
①口紅が落ちていればOK。
②口紅が落ちていて、中に赤ワインが残っていなければOK。
③口紅、赤ワインだけでなく、手垢などもとれていればOK。
④ばい菌がついて残っていないように、除菌力のあるもので洗浄してあればOK。
⑤洗浄後、水滴などが白く残らないように、クロスで拭き上げてあればOK。

①や②のレベルなら、ティッシュで口紅を取って水洗いをすれば十分だということになる。④になると除菌効果のある洗剤なしには成り立たない。

どれも、「ワイングラスの汚れを落とす」作業であることには変わりないが、発注者の求めるレベルが⑤で、受注者が②のレベルでOKだと考えていると、作業完了後に受注者がダメ出しを食らうことになる。そこで、②でも落ちていることになるのでは、と反論をしても、まず話は通らない。なぜなら、「このキッチンの主は私で、このキッチンでは私がルール」だと、妻側が思っているからだ。その妻が⑤と言えば、⑤以外は失格となる。そういう意味では、受注段階で、納品形態の確認は必須だ。

家事をこまめにやる知り合いの男性が、洗濯したバスタオルを干したところ、「妻に干し方が悪いと怒られた」と言っていたことがある。何が悪いのかとあれこれ聞いたところ、「バスタオルは表を日に当てる」というのが彼女のルールだったことがわかった。

「バスタオルに裏と表があるなんて、考えたこともなかったからビックリしましたよ」と知人。「そんなのどっちでもいいじゃん」「どっちを上に干しても同じだよ」と彼は説得にかかったそうだ。が、彼女は譲らない。彼女の考えるように干さないタオルは、干したとは言えないのだ。最終的に「柄のある方が上だという妻の意見に基づいて、柄のある方を日に当てるようにする」ことで決着がついた、という。

一緒にいたもう一人の知人も「そう。妻の言い分に理解のできないことってあるよね」と同情的。けれども、家事を仕切っている以上、多くの女性は意識するとしないとにかかわらず、「私がルール」だと思っている。汚れが落ちたかどうかの基準を決めるのは彼女だ。

問題は、彼女達が、夫も自分の考えるきれいの基準を共有していると思っていることではないだろうか。なぜ、彼女達が夫も同じ基準を共有していると考えるかといえば、理由は単純で、夫が、彼女のきれいにしたものを、文句を言わずに黙って使っているからだ。「毎日使っているんだから、私がどれくらいきれいにしているか、もちろんわかっているでしょう」彼女がそう思っても不思議はない。だから、夫が汚れを落とすときも、「普段私がやっている通りにやってほしい」と思うわけだ。

ところが、実際には、やってもらっている側は、妻が期待しているほど「妻が普段やっていること」に注意を払っているわけではない。出されたもの、洗ってあるものを半ば無意識に使っているだけだ。だから、彼女が気をつけてクリアしている基準やルールを問われても答えようもない。そもそもそんな基準やルールの存在に気づいていないケースも多いだろう。それが買い物や洗い物を漫然と手伝うと露呈する。その結果が妻の厳しいダメ出しとなるのだ。

前出の iction! や二〇一七年にプレジデントウーマンで特集された「愛のムチ？　ハラスメント？　妻から受けた「家事ダメ出し集[*13]」」には、こうした汚れ落としに関わる厳しいダメ出しが紹介されている。

・掃除機のかけ方、テーブルの拭き方があまいと言われた。個人的な主観できれい、汚いを言われても、言われる側は改善のしようがない。具体的にどの状態を目指したらよいか、指示をして欲しい（二〇代男性[*14]）

・家事分担のつもりで、日曜日の昼下がりに掃除機をかけた。自分ではちゃんとやったつもりだったが、どうやら不十分だったようで、すぐさま目の前で掃除機をかけ直された後、とびっきりの笑顔で「ルンバまであと少し！」と言われた。（四一歳・証券[*15]）

厳しい！　だろうか？　しかし、こうした、彼女の「きれい」に到達できないことから来るダメ出しは、ある意味で始末がいい。というのは、基準さえはっきりわかれば、対策の立てようがあるからだ。「具体的にどの状態を目指したらよいか、指示をして欲しい」と指示を待つのではなく、どうすれば合格だったのか、どうなればルンバ並なのか、穏やかに、発注者の求めるレベルを明確にする必要がある。それと同時に、自分がOKだと思えるきれいの基準も相手に伝えよう。前出の口紅のついたワイングラスで言えば、自分はどれならOKか。妻はどうしたいと思っているか。そして、お互いの考えを、ずれを含めて認識しあうことが、もめ事解決の第一歩だろう。

講座をすると、多くの家では、「妻の方が求める水準が高い」「妻の方が散らかっていることへの耐性が低い」という話がよく出る。どれくらい汚れていたら、あるいはどこまで散らかったら片付けるか。明確な基準がなく、「気がついた方」がやることにしておくと、結局妻の方が散らかっていることや汚れへの「沸点」が低いので、我慢できなくなって先にやり始め、「気がついた方がと言っているのに、結果的には私ばかり片付けている」と彼女が怒りだすという話は、しばしば耳にする。

となると、まずは、お互いの水準の確認が第一歩だ。話し合いの結果、夫が考える「きれいに洗えたワイングラス」がレベル③、妻が考えるのがレベル⑤だったとしよう。ここからは交渉ではなかろうか。

「僕が洗うとレベル③で終わってしまう可能性が高い。気をつけるけれども、そうなってしまうことは避けられないかもしれない。それでも僕が洗ってよければ洗うよ」。

そう言われれば彼女も考えるだろう。「それなら、私が洗う」「それでもいいから洗って」「じゃあ、とても疲れて、洗えないときだけお願いする」など、パターンはいろいろだろう。

「それでもいいから洗って」と言われて、洗い方に文句が出たら、「いや、僕は事前に言ったよね」と言い返すこともできる。

一方で、「僕はうまく洗えそうもないから、食器洗浄機を次の僕のボーナスで買うよ」という手もあるだろうし、「どうしても、君ほどきれいには洗えない気がするから、他のことを手伝うっていうんでどうだろうか？」という提案をしてみるのも一案だ。

ご参考までに言うならば、周囲の話やワークショップなどでのやりとりから、食器洗いや洗濯、掃除などの「汚れ落とし業務」に関しては、親の求める水準が男女で違うケースは多いのではないかという印象を私自身は持っている。母親というのは娘と息子がいれば、娘に口うるさい傾向があるのだ。

厚労省が行っている二〇〇一年生まれの子ども達を対象とした時系列の調査「21世紀出生児縦断調査」の第六回（二〇〇七年実施）[*16]の手伝いの項目を見ると、ほとんどの項目で女児が男児を上回っている。特に、「洗たく物をたたむ」は、女児の五五・六％がやっていると答えているのに対し、男児は二九・一％。「掃除」も女児四四・四％に対し、男児三五・七％と一〇ポイント近い差がある。自主的に手伝っているのか親に手伝わされているのかは定かでないが、手伝う頻度が高ければ、習熟もするし、同時に親からやり方について指導を受ける頻度も高くなるのは想像に難くない。

つまり、女性の方がきれいの基準が高く汚れへの「沸点」が低いのは、持って生まれたものというよりも、そう育てられているからだ。もちろん、個人差や家庭差はあるので、夫の方がきれい好きというご家庭もあろう。けれども、一般論として、女性の方が汚れへの「沸点」が低いのは、そう育てられているからで、ここを覆すのは、困難なケースも多い。だからこそ、交渉が重要になってくる。

## 17 なぜ妻は自分のやり方にこだわるのか

彼女のルールが、基準だけなら始末がいい。このレベルまで汚れを落とせば合格という基準がはっきりしているからだ。その一方で要注意なのが、彼女のルールが基準だけではなく、手順にもあるという点だ。再度 iction! からの引用だが、

・洗い物の収納や洗い方が妻と根本的に違い、口論になったことは多々ある（二〇代男性）
・洗濯の際にネットに入れないで洗濯をしたら、洋服が傷むと言われた。また、洗濯

物を干す際に下着は見えないよう干してほしいと言われた（三〇代男性）

前出のプレジデント ウーマン「愛のムチ？　ハラスメント？　妻から受けた「家事ダメ出し集」」でも、手順のルールを踏み外した話が出てくる。iction! 同様、洗濯でのダメ出しが多いところを見ると、プロセスの多い洗濯は、鬼門なのかもしれない。

女性用下着や傷みやすい素材は洗濯ネットに入れることを知らず、独身時代の感覚で洗濯機にガンガン放り込んで洗ったら、妻のお気に入りのブラウスに大きな穴が。さっそくその日のうちにデパートへ一緒に出かけ、新しい服を買わせていただきました（二九歳・ＳＥ）

彼女は細かいことにまで気を遣って作業をしている。いや、細かい指示を母親から飛ばされて作業を学びながら成長してきている。できなければ「きちんとしなさい」「だらしがない」と母親に言われる。そのせいか、家事をしながら、母親の視線を意識している女性は多い。以前に個別の聞き取り調査をしたときも、「共働きだと、専業主婦だった母と同じように丁寧に家事ができなくて、家族に申し訳ない」という人は三〇代でも何人かいたし、前出のフィリピン人女性も、家の中が散らかっていると、「とてもお母さんには見せられないと思うことがある」と言う。

特に戦後のお手伝いさんもいない核家族では、家事の唯一のお手本かつ情報源は母親であることが多い。そして、当時、多くは専業主婦だった母親自身も、それぞれの家庭の家事の「ルール」の決定者、施行者だったに違いない。それが「ルール」、それが「正しいやり方」だという、根深い呪いがここにも潜んでいる。呪いのかかった状態だと、夫からの提案は公平な提案に聞こえないことも多い。夫の後ろには婚家があり、義母のルールが見えることも呪いを解くにはマイナスだろう。

また、従来の傾向として、家事をするのは女の仕事という考え方が強い家庭では、娘にはきちんとした家事を仕込もうとする傾向がある。「嫁いでから困らないように」「結婚してから恥ずかしい思いをしないように」という親心だといえば親心だが。例えば「洗濯物は裏返して干す」といった細かい指示を、息子には出さなくても、娘には出すという傾向はあるのではなかろうか。

以前、茨城県で中学生に授業をしたときも、女子生徒の多くは家庭で何らかの手伝いを定期的に任されているのに、男子生徒はほとんど手伝いをしていなかった。授業の後の先生方の話では、女の子はいずれ出ていくから、困らないようにと早くしつける傾向があるのではないか、とのことだった。これは、一九七〇年代の話ではない。二〇一〇年代の日本での話だ。

家の中で家事をシェアするとき、本人が気づいているかいないかにかかわらず、自分のやり方こそが正しく、それがこの家のルールであって当然なのだ、と妻が信じている可能性は非常に高い。それは呪いなのだ。母親から言いつかったルールを、自分で抱え込み、家族にもそれを当然のごとく押しつける。しかし、彼女にはそれを押しつけている感覚もなければ、それ以外のルールがあることすらも、気がついていない。そういう呪いにはまり切った妻にいくら論理的な説明を試みてもうまくはいかないことも、頭の片隅に置く必要はあるだろう。

## 18 呪いを解くのは夫?

彼女がこの根深い呪いから解き放たれれば、家事のシェアはずいぶんと円滑に進むに違いない。また、家事を手伝う夫への視線もずいぶん和らぐのではないか、と思われる。が、一体、どうやったら彼女は呪いから解かれるのだろう。

家事の聞き取り調査やTwitterなどの家事に関するつぶやきを見ながら、実は呪いを解く鍵は夫が握っているのではないだろうか、と思うようになった。おとぎ話の王子様のキスがお姫様を呪いから解き放つほど簡単ではないかもしれない。けれど、夫からの働きかけなしに、妻が家事の呪いから自由になる日は来ないのではなかろうか。

知り合いの女性テレビディレクターは、なかなか進まない離乳食に頭を痛めていた。本やネットの情報を頼りに、時間をかけて離乳食をまとめて作り、小分けして冷凍する。安全で薄味のものを食べさせることで、しっかり味覚を育て、健康な食生活を身につけさせたいと彼女は奮闘していた。

ところが、息子君は、一向に離乳食を喜んでいる様子がない。彼女の作ったものの多くは、食べてもらえず、残飯となってしまう。「ちっとも食べてくれないんですよ。もう、離乳食を作るのもつらかったし、食べさせるのもつらくて」。それでも、栄養と安全を考えると、食生活の第一歩となる離乳食は大事だから、何がなんでも手作りでなければ。それが母親の愛情だ。彼女はそう思い込んでいた。

半ばノイローゼ状態だった彼女を救ったのは、夫の一言だった、と彼女は当時を振り返る。「凹む私の目の前に、夫が息子を差し出したんです。「よく見て！　この子はこんなに元気でご機嫌だよ！　栄養が足りていないように見える？　体重も増えて大きくなっている。そんなに離乳食を食べないって心配しなくても、ちゃんと元気に育っているよ！」彼にそう言われたら、「そうか、大丈夫なんだ」って思えて、肩の力がスーっと抜けました」。

こんなに頑張って作っているのに、ちっとも食べてくれない我が子。離乳食に注がれた手間と時間と、食べてほしいという過剰な期待、そしてそれがことごとく打ち砕かれるつらさ。多くの新米ママが子育てで最初にかかる「食べてくれない」の呪縛も、立場が同じ新米パパの、別の視点からの一言で、すーっと解けていくことがある。

大切なのは、努力を認めてもらい、でも、そこまでやらなくても、結果は出ているから、もう少し楽にいこうよ、という視点の変換だ。それを実母や義母に言われてしまうと、センパイからの「ご指導」に聞こえてしまって、素直に耳を傾けられないこともある。非難されているような気持ちになって、自信を失うこともあるだろう。ここは、日々の生活、子育て、暮らしのパートナーたる夫の出番ではなかろうか。

家事についても、先に夫婦で山登りをするときに、全体で五〇kgの荷物を、夫が一五kg、妻が三五kg担いで上っていくようなものだと書いた。本来、女が五〇kg背負うべきだという環境で育てられた女性は、それが、三五kgでもかなり負担が大きいことにすら気づかない。だから、「大変だったら、少し持つから言ってね」と言われたところで、「じゃあ、お願いね」と素直に渡せない。それが呪いだ。ここで渡したら、「手抜き」だと思われるのではないか。「お母さんはちゃんと五〇kg背負ってきたのに、私は半分持ってもらうなんていうことはできない」、そういう罪悪感にとりつかれて、荷物を背負い続ける人は多い。

そういう意味では「大変だったら持つよ（手伝うよ）」は意味がない。彼女は実際、大変なのだ。そこに、「大変だったら」と言われると、「大変だったらってどういうことよ。大変に決まっているじゃない」と怒り出すかもしれない。それどころか、呪いが重症だと、大変なのに、自分が大変なことにも気づかなかったり、大変さを抱えることが大事だと思い込んでしまったりするのだ。だから、大変だったらと条件をつけずに、「重そうだから持つよ」と手伝うことが重要だ。

同じように、「できる範囲で」手伝うというのも、意味が薄い。できる範囲で手伝うということは、裏を返せば「できないことはやらない」ことになる。夫に「できる範囲」とその範囲外のことがあるのは、妻にも伝わる。すると、「どうせ、彼は自分が「できない」と思ったらやってくれない。やりたくないことも「できない」と言う。それなら最初から彼なんてあてにしないで、自分でやってしまおう」という発想に陥りがちだ。

こうした思い込みで一人で家事を背負い込んでいくうちに、彼女達の呪いはどんどん深くなっていく。つらいと思いながらも、全てを自分がやらなければならないという責任を感じ続けて、疲弊していってしまうことになる。

## 19 呪いを解くのは相手への関心

中二病のようなひねくれた気持ちになってしまう妻の呪いはどうすれば解けるのか。もちろん、ことはそう単純でも簡単でもない。が、夫が呪いを解くための基本は相手がやっている家事に関心を持つことだ。日々、当たり前のように行われる家事。例えばそれに気づいたときに軽く一言「ありがとう」と言ってみる。「君がやってくれていることに気がついているよ」というサインを送るのだ。例えば、「お風呂、沸いているよ」と言われたら、「お、ありがとう」と二言。「今、おかずを温めるから、ちょっと待ってね」と言われたら、「悪いね」。「どうも」や「うれしいな」でもいい。

こちらは、仕事で疲れて帰ってきているんだ。おかずを温めるのくらい当然だ。そう思うかもしれない。しかし、もし、妻も働いているとしたら、彼女の方が後に帰ってきたとき、あなたは彼女のために、おかずを温めるだろうか？　帰宅したら、お風呂が沸いているのは当たり前かもしれない。けれど、お風呂が自動で沸けるわけではない。誰かが、動いて事前に準備してくれるから、すぐに入れる状態になっているのだ。そうした、相手の心遣い、自分は動かなくてもやってくれる責任感に対して、まずは一言、気づいている、やってくれて助かるという気持ちを口にしてみることが、実は、呪いにかかった妻の心を和らげるには、非常に有効だと思われる。

たった一言「ありがとう」と言うだけだから、行為としては、さほど難しいことはない。しかし、実際には、彼女がやってくれていることに気がつかないと、なかなか言うチャンスはない。まずは日々の暮らしと妻がしている家事に関心を持つことだ。当たり前の日常を支えるために、誰が何をしているのか。そこに目を向けることで、彼女が家事をしていることに気づいている、というサインを送る糸口が見えてくる。

もう一つ、呪いを解く上で意識したいのは、家で中心になって家事をまわしてきたのは、ロボットでも、家政婦でもなく、自分の妻だということだ。妻が夫や家族のことを思って、行動していることを、意識したい。

以前、鬱傾向で苦しんでいた知人の女性が、「家族にとって私はタンスと同じだと思うの」と言ったことがある。主婦というタンスには、いろいろな引き出しがある、と彼女は言う。料理の引き出し。洗濯の引き出し。家の中を整える引き出し。いろいろな引き出しがあって、それをあけると必要な機能が出てくる。家族にとっては、生活になくてはならない大切なタンスだ。彼女もそれはよくわかっている。

「でもね、私は白いタンスなんだけど、ある日それがピンクになっても、家族は気がつかないと思うの」。彼女がそう言ったとき、まわりにいた女性達が深くうなずいた。家族にとって私が大事なのは、私が家事をしているからだ。それ以外にはなんの価値もない。そう思うことが、彼女の心の病につながったのだろうかと思うと、非常につらいものがあったが、それ以上に、多くの女性が家庭での生活の中で、似たような感覚を共有していることに、暗澹《あんたん》たる思いだった。

家の中でどんな家事が行われているかとともに、妻がどんなふうに家事をしているかにもぜひ目を向けていただきたい。「なんで、料理のときはエプロンをしているのに掃除のときはしていないんだろう」「そんな長い爪でよく野菜が切れるなぁ」「食事をするときくらい、エプロンを外して、くつろいだら?」ネタは何でもよい。とりあえず、彼女の様子にこちらの注意が向いていることが伝われば。

大切なのは、こうしてコミュニケーションの糸口を作り、コミュニケーションを続けながら、呪いで固まった心を徐々にほぐしていくことだ。会話が続いていれば、大変だと思うことを口に出したり、相談もしやすい。「どうせ、私の言うことなんか聞いてくれない」「家族は私になんか関心がないのよ」。まずは、そんな呪いの壁を崩すことから始めたい。まわりの話を聞いていると、この壁は実はあまり厚くも固くもないことが多い。ちょっとしたきっかけがあれば、そして、妻が他の家族に対して関心を持っているのと同様に、他の家族も彼女に関心を持ち、心配していることが伝われば、意外に簡単に崩れる壁なのだ。

# 第三章　仕事のスキルをフル活用して脱お手伝い

## 20 手伝うと家事をするは別物

多くの女性にとって、仕事と家事と育児の両立は一大事だ。特にフルタイムで仕事をしている場合は、いかに家事負担を減らすか、効率よく家事をまわすかが、多くの女性の関心事となる。しかし、前出の iction! が二〇一九年に子どもがいる共働き夫婦一〇三九組を対象に実施したアンケート[*1]を見ると、男性側の両立への意識が高くなってきていることがうかがえる。

仕事と家事・育児の両立を「そもそも考えていない」という夫は全体の一割を切る。大半の男性は、両立したい、しなければと思っている。そして、実際に、四割の男性は「両立できていると思う」と答えている（図1）。

にもかかわらず、緊急事態宣言などでこれだけ、妻の家事の不満があちこちで噴出するのはなぜだろう。「両立できている」と夫が考える家事の中身と、妻が実際に両立するにあたってやっている家事の内容にずれはないだろうか。

海外赴任先での妻の出産を通してこの「ずれ」を実感したというＮｏａｈ Ｋａｎｅｋｏさんは、次のように語る。Ｋａｎｅｋｏさん自身は赴任前から、「出来る限り家事や子育てを「手伝う」ようにしてきました」という。しかし、妻の入院している間の娘の世話は、

**図１　仕事と家事・育児の両立の状況**

仕事と家事・育児を両立したいと思っているが、できていないと感じている夫は5割を超える

仕事と家事・育児の両立について尋ねたところ、5割以上の夫が「両立したいと思っているができていない」と回答。一方、妻の約6割が「両立できていると思う」と回答しました。また「そもそも両立を考えていない」と回答した夫は7.1％でした。

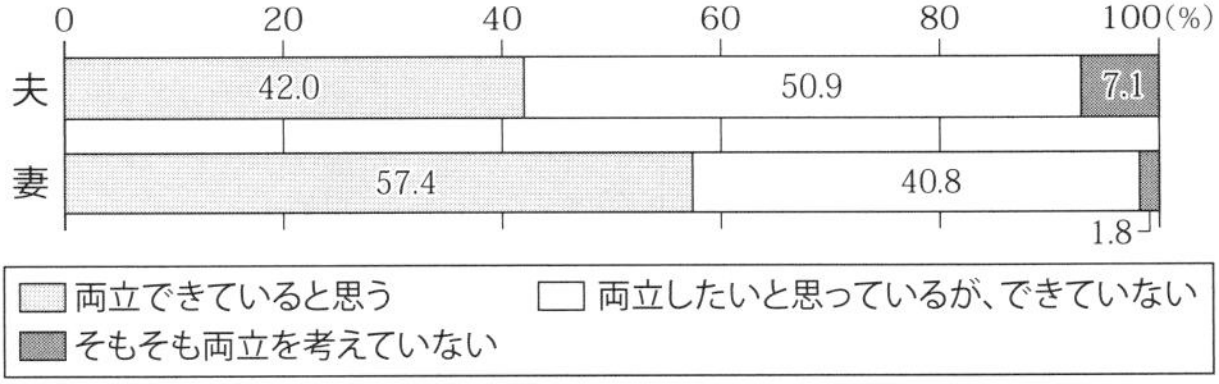


彼の認識してきた「手伝う」中身と大きく違った。

誰の手伝いも頼めない海外で妻が子供を出産するためには、少なくても入院中の数日間、私が三歳になった長女の育児の全てできるようにならなくてはいけません。そこで、妻から一つ一つ教えてもらうと、幼稚園の準備・好みの着替えを選ぶ事・娘の言う通りに髪の毛を結ぶ事、朝だけでも私のできない細かな仕事がたくさんある事がわかったのです。その一つ一つをできるようしていく中で育児が「手伝う」ものから「する」ものへと変わっていきました。*2

育児も家事も「する」のと「手伝う」のではその内容が大きく異なることが、Ｋａｎｅｋｏさんの経験から伝わってくる。作業量もさることながら、大

きく違うのは、その意識だ。Ｋａｎｅｋｏさんの言葉を借りれば、「出来る限り家事や子育てを「手伝う」ように」するところまでが「手伝う」だ。一方で、「全てできるようにならなくてはいけ」ないと考えて動くことは、家事を「する」ことだ。

「手伝う」と「する」の決定的な違いは、作業をする人のポジションにある。「手伝う」場合は、別に、主体的な作業をする人がいる。夏休みの宿題を考えてみればわかりやすい。宿題をするのはあくまでも子どもで、父親はそれを「手伝う」立場だ。父親がやってしまっては、もちろん、子どもが宿題をやったことにはならない。当然、父親も手伝ったことにはならない。それではお父さんの宿題になってしまう。一方で、子どもと意見がぶつかったら、「じゃあ、お父さんはもう手伝わないよ。自分でやりなさい」と手伝いをしないという選択肢も、手伝う側にはある。

夫が妻の手伝いをするときも状況は似ている。夫はあくまでも妻を助け補助をする。妻にやり方を批判されたり文句を言われたりしたとき、がっかりしながらも、「文句を言うなら、お前がやればいい」と言い返すカードは夫の側にある。

一方で、子どもに手伝いを頼む母親は、「ちゃんとしたやり方」を子どもに教えなければ、という思いもある。やり方が悪ければ、やり直しをさせたり、「ここができてないよね」と不十分なところを指摘したりもする。同時に「ママが文句を言うんなら僕はもうやらない」と子どもがすねて、泣き出しても、付き合って最後まで一緒に作業をしたり、場合によっては、自分が最終的にはやり遂げなければならないことも想定している。

夫に手伝ってもらうときも、子どもに頼むときと同じように、「最終的には自分がやらなければならない」と、彼女はどこかで思っているのではないだろうか。一方で、相手は大人なのだからどうせやるなら、自分がやるのと同じようにきちんとやってもらいたいという思いもある。彼女の納得のいかないお手伝いなら、せっかくやったお手伝いとはいっても、ダメ出しされることも起こるだろう。

ところが、家事を「する」となると、Ｋａｎｅｋｏさんの言うように、「全てできるようにならなくてはいけ」ない。全てを引き受けるということは、ある意味で、こちらが全ての責任を負う分、妻は口を出しにくくなる。「自分で宿題をやるから、パパは黙ってて！」と子どもに言われたら、「じゃあ、後は自分で責任を持つんだよ、頑張れよ」と手を引くのに似ている。「責任は持つ代わりに、俺のやり方で行く」という主張もしやすくなる。そのかわり「文句を言うなら、お前がやればいい」と手を引くカードは、もはや存在しなくなる。

## 21 家事をする＝家事をシェアする

最近よく耳にする「家事シェア」は、実は手伝うことでは成立しない。家事シェアというのは、夫婦二人で、家事を分担することだからだ。そこには親方と丁稚《でっち》、あるいはお手伝いを頼む側と頼まれる側という上下関係はない。妻と対等な家事の担い手として、最後までこちらで責任を持つ。交渉は必要だが、やり方も仕上がりもこちらの基準でやればよい。というと、それなら家事シェアの方がいい、ということになるが、ここで一つ肝に銘じなければならないのは、最後までやらなければ家事をするとは言えない、ということだ。

夫の役割としてよく出てくるゴミ出しを例に、手伝い（協力）と家事シェアの違いを見

| ステップ | 手伝い（協力） | 家事シェア |
| --- | --- | --- |
| Ⅰ　各種類のゴミの日を覚えている | 妻 | 夫 |
| Ⅱ　ゴミを出しに行く | 夫 | 夫 |
| Ⅲ　ゴミ箱にゴミ袋をかける | 妻 | 夫 |
| Ⅳ　ゴミ袋のストックを把握する | 妻 | 夫 |
| Ⅴ　ゴミ袋の大きさを知っている | 妻 | 夫 |
| Ⅵ　ゴミ袋の補充 | 妻 | 夫 |

ゴミ出しのステップ

てみたい。

ゴミを出すという仕事を細分化すると、ざっとⅠからⅣまでのステップに分けられる。実際の四つのステップ以外に、不定期に起きる作業がⅥだ。そして、Ⅵを実行するためにはⅤの知識が必要になる。

ⅠからⅣのどのステップが抜けても、作業は完結しない。特にⅢが抜けると、ゴミ袋のかかっていないゴミ箱に直接ゴミを捨ててしまうといった事態が起こり、その後始末が発生する。だから、各ステップは、毎回きちんと遂行しなければならない。

仕事でも、何かするときには似たように複数のステップを踏んでいる。例えば、会議で打ち合わせをするとなったら、

①会議の日程を調整する
②会議室を予約する
③日時の詳細を出席者に伝える
④会議資料を作成する
⑤会議資料を配付する

といった複数のステップを踏んで初めて、会議が行われる。こうした会議の準備を後輩に頼んだとしよう。①と②だけやったところで彼が作業を中止すると、どうなるだろう。と

てもではないが会議は実施できない。それでは、会議の準備を「した」ことにはならない、全てのステップをちゃんとこなしてくれ、と注意して、やらせる必要が出てくる。準備の不備を指摘されたときに、「俺、ちゃんとやりましたよ」と後輩が言い返したら、先輩は「こいつはアテにならない」と思うだろう。

しかし、本来自分が準備しなければならないと思っていた会議の設定で、②と③を後輩に「手伝って」もらうのであれば、他のステップを後輩がしなくても、先輩は何も思わないはずだ。これは自分の仕事だと自覚していて、最初から、相手に全部やってもらうことなど、期待していないからだ。

そうは言っても、わずか二ステップをやっただけの後輩が「会議の設定あれこれ、ほとんど俺がやって」と同僚に言ったり、先輩に向かって「僕はかなり会議の設定を手伝いましたよね」とドヤ顔で言ったらどうだろう。「いやいや、お前は簡単な二つのステップしかやってないからな。でかい顔するなよ」の一言も言いたくなるのではなかろうか。まして、中途半端なやり方を注意して、「こっちのやり方に文句があるなら、自分でやればいいじゃないですか」とでも言われた日には、「もう、二度と頼むものか」と思うかもしれない。

妻と夫のやりとりも、これに似たようなところがある。上記のささやかなあれこれのステップを担っている妻としては、渡されたゴミを所定の場所に持っていっただけで「俺はゴミ出しをやっている」と言われれば、「そうか?・」と思う。「ちょっと手伝っているだけじゃない」と彼女が腹を立てたとしても、その前後の実際の作業と頭の中の作業の数を考えれば、無理からぬことではないだろうか。

「毎日仕事で忙しいんだし、ゴミ出しの日にちまで覚えておけるか」。ゴミ出しの日にちの勘違いを妻に指摘されて、そう言った知人がいるが、ビジネスにグーグルカレンダーや日程調整ソフトがあるように、ゴミ出しや家事がらみのものでも、アプリはいろいろ出ている。

ことゴミに関しては、ぜひ一度、お住まいの区市町村のウェブサイトを訪ねてほしい。分別その他について細かい情報が出ているだけでなく、アプリを提供している自治体もある。また、ゴミカレ[*3]を活用する手もある。こちらは、居住地域を登録しておくと、不燃、可燃、資源ゴミなど、区市町村の分類に基づいたゴミの収集日の前日に、メールが届くサービスを提供するウェブサイトだ。

朝、妻に「今日は不燃ゴミよ」と言われる前に、「今日は不燃ゴミの日だね」と声をかけてリードを取る。彼女に言われてやるのではなく、自分の責任範囲は自分で情報を把握して動く。仕事なら当たり前のことを、家庭の家事で実践するのが、家事シェアだ。

## 22 脱丁稚

お手伝いには、厳然とした上下関係がある。妻は徒弟制度の親方で、夫は丁稚だ。その心は？　丁稚は、手取り足取り教えてもらうことは、期待できない。親方のやることを見よう見まねで覚えなくてはならない。そして、親方がどの段階で自分の作業に納得するかという、最終点を感じ取り、自分で見極められるようになる必要がある。

長年の熟練した腕を持つ親方の技術を盗むのは、簡単ではない。何度やってもダメ出しされる。しかも、ダメの理由も、自分で探らなければならなかったりする。免許皆伝、よくできた、などと親方が言ってくれるまでには、恐らく何年もかかるだろう。

この絶対的な徒弟制度にはまり込むと、家事に関しては、終生、妻の小言から抜けられなくなる可能性は否定できない。特に、きれい好き、完璧な主婦であればあるほど、その危険性は高い。

それを回避する方法は恐らく二つだ。一つは、親方の苦手分野で腕を磨き、のし上がる方法だ。家事全般ではとても太刀打ちできなくても、例えば、妻がアイロンがけが苦手なら、アイロンがけに長じた夫になる手はある。家内分業とも言えるだろう。

私のまわりには、何人か、外まわりの草取りや外の掃除は僕が引き受けている、という男性がいる。その中の一人Tさんは、「妻はガーデニングは好きなんです。でも、草むしりや外の掃除は僕が全部やっています。多分、彼女は、草むしりを自分でやるなんて、考えたこともないんじゃないですかね。あれは、旦那の仕事だって思っていますよ」と笑う。「これは彼の仕事」。妻がそう認識するようになれば、妻はそれに対して口は出さなくなる。

　子育て真っ最中のK氏は、お風呂掃除などを担当している。「これをこうしておいてほしい」という妻のルールを先に確認し、そこを外さないように気をつけながらも、自分のやり方で掃除をしていると言う。「発想をいかに楽しむかですよね」と言うK氏は、こうやったらお風呂洗う効率がいいなとか、皿もこういう手順だと洗いやすいと考えながら作業をする。もちろん、妻は、口を出さないという。

　今は、ＹｏｕＴｕｂｅなどでも、やり方を微に入り細に入り説明している動画があるので、いくつか、妻の超苦手分野をフォローするのは一案だ。

　そうした得意分野に特化するのが厳しい場合は、丁稚に落ちない対等な立ち位置で、家事スキル全体のゆるやかな向上を目指したい。気持ちとしては、妻は家事の上司ではなく、先輩だ。こちらは、期待の新人的なポジションに立つ。妻を上司や親方ではなく、先輩として仰ぐ。

　そんなこと言っても、向こうが自分の方が上だと思っているんだから、立場なんてそう簡単には変わらないだろう。そう思うかもしれない。けれども、もともと夫婦はパートナー同士なのだから、立ち位置を微調整していくことで、徐々にポジションをあげることは不可能ではないはずだ。

家族関係の著作の多い臨床心理士のハリエット・ラーナー博士は言う。「夫婦は、自分が先に変わるのは嫌だと考えます。相手に先に変わってほしいと思うものなんです。だから、うまくいかなくなってしまうんですね」[*4]。まずは、自分の立ち位置を変えてみることで、事態がどう変わっていくかを「実験」してみることから始めようというのがラーナー博士の提案だ。相手に何かを宣言する必要はない。ただ、彼女を家事の師匠と仰ぐのではなく、頼りになる先輩というふうに、ちょっと見方を変えてみればよいのだ。

## 23 よい後輩になるには

妻の後輩に成り下がるなんて、ふざけるな！　そう思う人もいるかもしれない。しかし、家事は習うより慣れろであることを考えると、家事の経験値が圧倒的に低い場合、妻よりかなり立ち位置が低くなるのは避けられない。こと家事に関しては、夫は子どもと同レベルだと思っている妻も多い。「だって、何もできないんだもの」と彼女達は言う。

そうではない。夫たるもの、社会人としてちゃんと外で仕事をこなしている。判断業務もできれば、細かな修正や周囲への根回しだって当然ながらこなしている。にもかかわらず、自分の家事が妻の納得のいかないものだとすれば、それは単に家事に関しての経験値が足りないからだ。まずは、その点を明確にアピールしてはどうだろう。

「経験をつめば、君と同等まではいかなくても、ある程度のレベルには到達するはずだ。だから、経験値を積むチャンスを取り上げないで、やらせてもらいたい。回数をこなさなければ、いつまでも、君の思うような家事はできるようにならない」、そう主張して、練習が必要であることを相手に納得してもらう。練習をするにあたっては、仕事の手順同様、まずは必要な説明を受ける。手順、納期（終了時期）、やり方、ゴールなどを説明してもらって共有する。後輩を指導した経験を振り返りつつ、不明な点は質問し必要な情報を引き出す。プロジェクトの成功には情報と目的の共有は欠かせない。

問題はこの後のプロセスだ。新人の後輩が仕事を覚えるにはＯＪＴが欠かせない。ある程度任せてやらせてもらいながら、わからないところやうまくいかないことを報告、相談しながら仕事を進めていく。が、ある程度の流れがわかったら、自分でやってみることで、仕事は確実に身についていく。そう考えると、ここは、ぜひとも早い段階で「任せてもらいたい」と主張したい。キーワードは「わからなかったり、何かあったら、ちゃんと聞くから（とりあえず任せてみてよ）」だ。そして、「経験をつまないとできるようにならないからね」とトライ&エラーの重要性を主張する。

当初、家事に強い責任を感じている妻は、なかなか「じゃあ、あとはよろしくね」と任せてはくれないかもしれない。友人の中には、夫が作業をしていると気になって、脇をウロウロして指導してしまうという人もいる。もちろん、期待の新人とはいえ、新人なので、うまくいかないこともある。先輩の妻とは家事をやっている年数が違うのだから、経験が違う。これは致し方がない。うまくいかないことは「ここはどうしたらいい?」と先輩に相談する。ポイントは、先輩に相談するスタンスであって、上司に判断を仰ぐ、親方にお伺いを立てるというパターンを避けることだ。

## 24 最終目標はコ・マネージメント

働く女性達と家事シェアの話をしていて、こと家事に関しては夫を後輩だと思って仕事を覚えてもらうのはどうか、と言うと、非常にポジティブな反応が返ってくる。「子どもだと、面倒みなくちゃと思うけれど、後輩だったら、仕事覚えてもらって、一人前になってもらわなくちゃ。そう思うと家事の振り方が変わってきますね」。

我が子だと丸投げして全部やってもらうことは期待できない。できなければ、感情的に怒ることも親子ならできるけれど、最後は全部面倒を見なければならないことも事実だ。

ところが、相手との関係が親子ではなく先輩後輩だとしたら、感情的に怒れない。最後まで面倒を見ることが義務でも目的でもなく、仕事を振るのは、彼に独り立ちしてもらうためだからだ。「独り立ち」というゴールが見え、伝えるべき目的がはっきりすることで、妻側の夫の取り組みへの認識も自ずと変わってくる。

そして、最終的には目指すは「独り立ち」であり、対等なパートナーシップだ。最終的にはワンオペ、ワンマン経営ではなく、コ・マネージメント（共同経営）を目指したい。共同経営が実現すると、休暇をとることもできるだろうし、体調が優れないときは、ちょっと休んで立て直すこともできる。臨時休業をして、一緒に休暇をとることもできる。

仕事もそうだが、自分一人で全てを担っているより、うまく分業し、得意分野をそれぞれが担当することで、仕事の効率は上がる。また、全てのディシジョン・メーキングを一人でするより、複数で意見を交換しあい、情報を交換しながら決めていった方が、大局的な判断もしやすくなる。家庭生活の大きな部分を占める家事と育児をうまくシェアすることは、家庭のマネージメントでの発言権の確立や、相手との信頼関係の構築にも大きく関わってくる。

ジョイントベンチャー（JV）などではこのコ・マネージメントの進め方が事業成功の鍵になるわけだが、二〇一九年にコンサルティング会社の大手マッキンゼー・アンド・カ

**図2　経営者の見たジョイントベンチャー（JV）の成功要因と失敗要因**

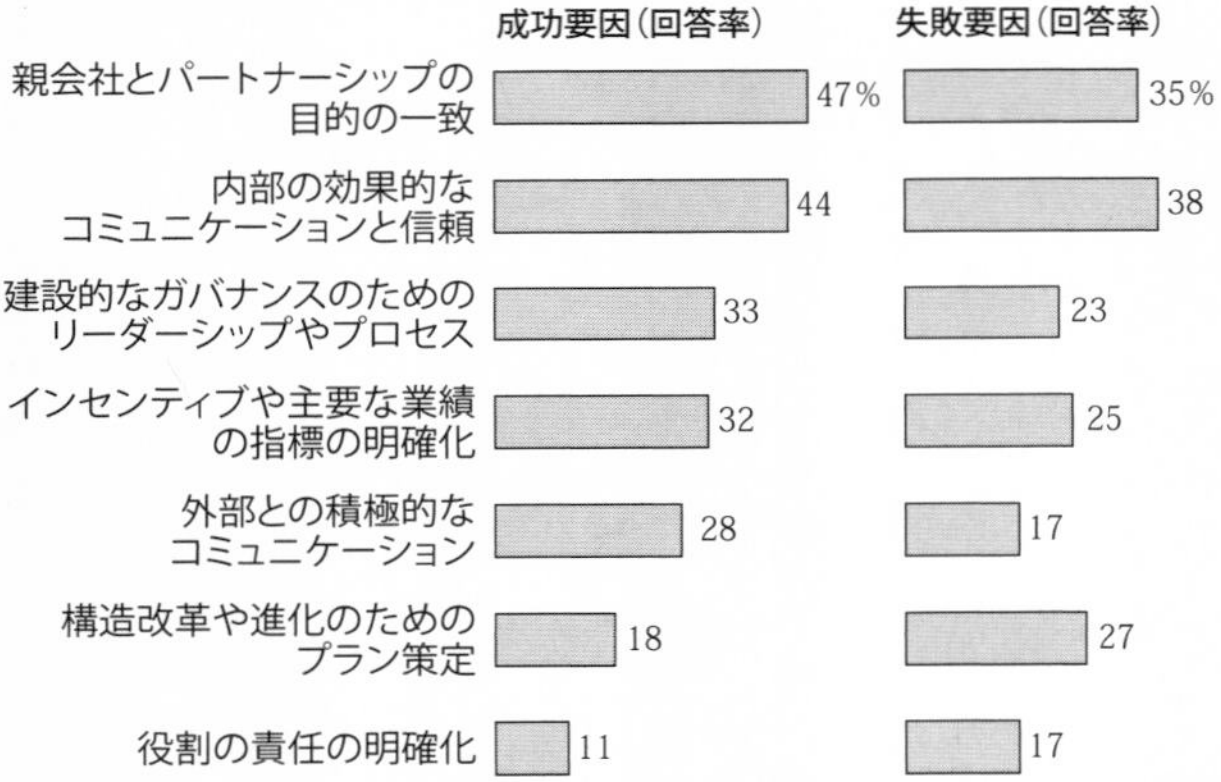


2015 McKinsey Joint Ventures and Alliances Surveyを基に著者作成

ンパニーが複雑化するビジネスパートナーシップを成功させるために必要なことは何かという分析レポートを発表している。[*5] 事業環境が複雑化すればするほど、適切な相手とのパートナーシップが意味を持つようになる。その際に、重要なのはどのような要因か、という話だ。

レポートの中で、管理者層がどんなことがJVの成功と失敗の理由となるかのアンケートをしたものが紹介されている。

JVで物事がうまく進むためには、タッグを組む両者の目的が一致していることが重要だ。一方で、内部のコミュニケーションがうまくいかず、相互の信頼関係がうまくいかなければ、JVの発展は難しい。両者が共同で物事を進める場合、コミュニケーションが重要であり、そこから培われる信頼関係がなければ破綻するのは、仕事でも家庭でも同じかもしれないと、グラフを見ながら考えた（図2）。

また、失敗の原因の三番目に「構造改革や進化のためのプラン策定」が来ているのも興味深い。関係がおかしくなり始めたら、従来のあり方にあぐらをかかず、構造を見直して、関係を再構築する必要があることも、仕事と家庭に共通しているように見える。

## 25 仕事のスキルを家事に応用

### (1) ほうれんそう

仕事の役に立つスキルは、家事の習得にも役に立つ。特に、会社で培ってきたコミュニケーションスキルは非常に有効だ。その一番は、ほうれんそうだ。ビジネスの現場では、時代遅れだと言われることもあるようだが、報告・連絡・相談は、家庭内では現在でも十分に役立つのではないだろうか。

女性達のインターネット掲示板「ガールズちゃんねる」に、「【報連相がへたくそ】旦那からの連絡」というトピックが立った。トピ主（トピックの投稿をした人）は次のように書いている。

どんな連絡をもらうにも情報が少なすぎて
イラッとするときありませんか？

毎回短文なのでいちいちこっちが
どこで？何時に帰るの？ご飯は？
と返信して聞かないと情報が入ってきません。

いまから、どこで◯◯するから
帰宅は何時頃になるよ、というふうに
一回の連絡で済ませてほしいと思うひといませんか？

電話にした方がコミュニケーションがうまくいくという意見の他、テンプレートを作ってみれば、といった提案が上がっていたが、なるほどと思ったのが、次の書き込みだった。

仕事ではホウレンソウできないとやってけないからできるはずだし、家庭では言わなくてもわかってくれるだろーと思われてるんじゃない？……

そうかもしれない。そう思いたい気持ちもわからなくはない。実際、コロナ禍の在宅勤務中に家で仕事をしている夫のようすに、「きちんとしていて驚いた」という人も多い。外ではちゃんとやっているんだ、ということが、日頃の家庭内コミュニケーションに慣れていると新鮮な驚きだったという。

男女で一括りは良くないけど、男性って家族に対してはめちゃくちゃ緩んでる気がする。
コロナで旦那が在宅ワークになって仕事の電話とか聞こえてくるんだけど、キチンとしててびっくりした。
その調子で喋ってくれたら私もイライラしないのに笑
まぁリラックスしてくれてるなら良いかと考えるようにした。

「リラックスしてくれてるなら良いか」というのは、落としどころとしては正解のように見えるが、コミュニケーションの不在が長く蓄積していくと、なかなか穏やかにうけとめてもらえないケースも増えてくる。

とりあえず、仕事場ほどではなくても、ある程度のコミュニケーションは、夫婦といえども必要であることは、心にとめておきたい。特に、家事をシェアしようとすると、日々の報告・連絡・相談は欠かせない。

何かうまくいかなかったときに、状況報告するのは、後々のトラブルやもめ事を防ぐ上で重要なのは、仕事でも家庭でも変わらない。また、やり方を相談されたり、アドバイスを求められるのは、妻としてもいやな気持ちはしないだろう。自分の今までのやり方に夫が耳を傾けてくれれば、説明のしがいもあるというものだ。

その一例が知人が旅行に出かけた際に、一人でご飯を作った夫氏からの電話。自力で食事を作ってみたものの、思うようにいかなかったという報告と、何が悪かったのかという相談だった。

夫：ほうれん草のオムレツを作ったんだけど、いつも君がやるみたいにほうれん草が柔らかくなかったんだよ。硬くておいしくなかった。何でだ？　材料はいつもとほぼ同じだと思うんだけど。

妻：ほうれん草を最後に入れたんじゃない？

夫：うん。なんで？

妻：ほうれん草は最初に炒めて、その後に卵を入れるのよ。
夫：そうなのか。葉物だから長時間炒めない方がいいかと思ったよ。
妻：そうすると、ほうれん草に十分に火が通らないの。野菜は卵より先に炒めてね。
夫：じゃあ、もう一回やってみるかな。

知人は、「一人で頑張っているのねと、微笑ましかった」と笑う。ほうれんそうは、状況報告、事態改善にももちろん役立つのだが、日頃からこうした報告・相談のやりとりをしていると、妻の側も、気軽に報告や相談がしやすくなるという大きなメリットもある。やる気はあるけれど、慣れない分、失敗することもある。でも、いろいろ覚えて貢献したいと思っている。その気持ちが感じ取れるやりとりが続けば、夫への信頼度は大きくアップする。家事能力の低いお手伝い要員や修業中の丁稚ではなく、有能な新人のポジションを確立するには、仕事同様に、的を射た質問と、やる気のデモンストレーション、そしてほうれんそうがものを言うのではないだろうか。

### (2)プロジェクト発想

妻に言われて義務としてやる家事は、単発の作業の連続に見えるかもしれない。だが、これを、時間の枠組みや予算、作業工程など、多極的に見てプロジェクトと捉えると、見え方が変わってくる。言われた作業を完了するだけの単純なものから、管理し、効率化するべく取り組む業務に変わってくる。

アートディレクターでありプランナーでもある佐藤ねじさんは、実際に、家事をプロジェクトとして捉えているという。[*6] 日頃、すごく家事に関わっているかというと、「料理が苦手なので、できない家事は基本的に妻に任せています」ということなので、いわゆる家事シェアというよりは、パートナーの関与度が遥かに高いのではないかと推察する。

がっつり対等には取り組めないものの、問題解決の視点で家事に関わるようにしているという佐藤さん。「自動化できる家事には生活家電を導入したり」、効率が悪い家事については、家事動線を見直して効率化を図るなど、問題をどう解決していくか、という視点で、個々の「プロジェクト」に関わっているという。

先日、地下鉄の中で、三〇代と思しきビジネスマン三人が、洗濯の効率化の話をしていた。その一人が、まさに佐藤ねじ方式の、問題解決型アプローチだった。

A：こう天気が悪いと、洗濯物がなかなか乾かなくて大変っすよね。夜干しておいても、朝までには全然乾かない。

B：夜に帰ってから干して、文句言われない？　うち、すごく言われるんですよね。

日に当てないとちゃんと乾かないだの、ちゃんとシワをのばして干せだの、うちはメチャクチャ細かい。

A：うちも細かい。夜、疲れているときに干すのに、そんなにシワまでのばしていられない。

C：俺、乾燥機買った！

A・B：え？

C：俺のボーナスで。自腹切って買ったよ。もう、干し方がどうのなんて、毎回言われてもかなわないから。夜干すのだってしょうがない。だったら、乾燥機にかけて一晩、乾燥しておいた方がいいと思って。

A：奥さん、なんて？

C：何にも言わせないよ。俺が自腹切って買ったんだから、ボーナスで。でも、すごく快適。いつ乾燥機使ってもいいし。乾くし。

A：一晩中まわしておけば乾くのか。

C氏は、全く新しい発想と金銭的資源も投入することで、手伝いの枠を飛び越えて、プロジェクトの進行状態を大きく転換させたらしい。常に家事に参加しなくても、プロジェクト参加型で、必要なときに一番大きな問題に対応することで、他の対応を免除してもらう手はあるかもしれない。

家事をプロジェクトだと捉えて、いくつかのプロジェクトのリーダーになってみる。プロジェクトリーダーは、プロジェクト全体の状況を把握する必要がある。日々の細かい費用の出入りまで全部チェックをしなければならないとは思わない。けれども、一〜二ヶ月に一度、およその企画を目に見える化して、どちらの負担が大きいかなど、話をしてみる価値はありそうだ。

### (3)自己管理

『ビジネスコミュニケーションスキルを磨く10のステップ 改訂版』(FOM出版)という新社会人向けのスキルアップ本に、社会人には三つの柱が求められる、という話が出てくる。その三つとは、

- 親のすねをかじらない「経済的自立」
- 健康状態や時間を適切に管理し、生活のリズムを保つ「自己管理」
- 自分の言動や選択、判断に責任を持つ「自己責任」

のことだ。親からの経済的自立は、結婚には必須だが、こと日常生活、特に家事シェアにおいて重要なのが、自己管理だろう。

ちなみに、本の中で紹介されている自己管理は次の通りだ。

①暴飲暴食をしない
②清潔で衛生的な生活環境を整える
③睡眠時間を十分に確保する
④適切な時間配分を行う
⑤約束の時間を厳守する
⑥公私を混同しない
⑦趣味などを通じてストレスを解消する

①は衣食住の食であり、②は洗濯と掃除だ。④と⑤の適切な時間配分、時間の厳守は、家事を約束したタイミングで、適切に進めることにつながる。⑥は、仕事先からのメールだといって食事中にメールをしない、仕事のために家庭を犠牲にしすぎないと理解することもできる。

マネジメント会社UUUMのCEO、鎌田和樹さんもnoteに自己管理について書いている。*7 鎌田さんによれば、仕事ができない人の特徴は次の八つだという。どれも、自己管理の欠如が原因だと鎌田さんは見ている。

(1)遅刻をする人、時間の管理がルーズな人
(2)体調不良になる人
(3)パソコンのデスクトップがファイルだらけ
(4)ホウレンソウが出来ない人
(5)無駄に横柄な人
(6)言葉数が少なく、たとえが下手な人
(7)返信が遅い人(仕事において)
(8)人のせいとか考えてる人

彼から見た自己管理のできない人を夫婦それぞれに読み替えると、次の表のように、家庭生活のパートナーとして、かなりいただけない妻像・夫像が見えてくる。

自己管理ができない人がNGなのは、実は仕事だけではない。家庭でも、妻、夫ともに自己管理ができなければ、相手の負担も不満も増大していく。家庭だからリラックスしたい、家庭なんだから大目に見てほしい、は妻も夫も実は同じ。日常の生活をうまくまわし

| | 妻 | 夫 |
|---|---|---|
| 遅刻をする人、時間の管理がルーズな人 | ・朝起きてこない<br>・約束の時間に遅れる | ・自分で起きない<br>・約束した家事を時間切れでやらずに済ませる |
| 体調不良になる人 | ・いつも疲れていて、具合が悪い | ・「仕事で疲れている」が口癖<br>・休日はいつもゴロゴロ |
| パソコンのデスクトップがファイルだらけ | ・手紙や書類がどこかに行ってしまう<br>・いつも捜し物をしている | ・年中妻にものの置き場所を聞く<br>・持ち帰った仕事の書類があちこちに山積み |
| ホウレンソウが出来ない人 | ・家のことを勝手に決めてしまう<br>・ものを無断で捨てる<br>・黙って大きな買い物をする | ・帰宅時間を言わない<br>・家事のやり方などを確認せずに自己流で済ませる<br>・予定の変更を伝えない |
| 無駄に横柄な人 | ・返事がない<br>・家事などができないとバカにしたような口調になる<br>・指示の言葉がきつい | ・いただきますもごちそうさまも言わない<br>・ありがとうを言わない |
| 言葉数が少なく、たとえが下手な人 | ・家事を頼むときに具体的な指示がない | ・妻の話に無反応<br>・黙って食事を食べる<br>・家ではテレビやゲーム |
| 返信が遅い人 | ・気が向かないと既読無視 | ・仕事が終わるまでメッセージを確認しない |
| 人のせいとか考えてる人 | ・私だって大変なの、が口癖<br>・「だって」といいわけが多い | ・妻がだらしがないから家が散らかっている<br>・子どものしつけは妻の仕事 |

自己管理ができない妻と夫の具体例

ていく上でぜひ意識したいのが鎌田さんのあげる八つのポイントではないだろうか。

# 第四章　もめないための家事シェア戦略

## 26 夫に足りないのは経験

日本の女性は、不思議と、自分の夫は家事ができない、夫は家事が下手だと思いこんでいる節がある。節があると書いたのは、根拠となるデータがあるわけではないからだ。けれども、家事の講座での出席者とのやりとりや家事男子座談会、女性達へのインタビューでも、はたまた街角でのやりとりでも、それをヒシヒシと感じる。

夫が家事ができない理由はいろいろあるだろう。あまり家事をしたことがなければ、手際よくはないものだ。興味のわかない家事を続けるのはつらいということもある。歯磨きや洗顔と同様に、習慣化すればなんでもないことも、習慣化するには時間がかかる。

そういう意味では、家事によって多少の向き不向きはあるかもしれない。けれど、日常的な家事をするのに、さほど特殊な能力は必要ない。

そうは言っても、実際に話を聞いていると、妻達は「夫は家事に関して私より能力的に劣っている」から、「私と同じことはできっこない。あの人の能力は子ども並み」だと、頭から信じてかかっていると思うことがある。

そう信じているから、なんの躊躇もなくダメ出しができるのではなかろうか。妻・夫双方の話を聞きながら、心の中でどう思うかはともかく、女性同士で相手にそこまでひどい

**図1　妻と夫の家事時間の比較**

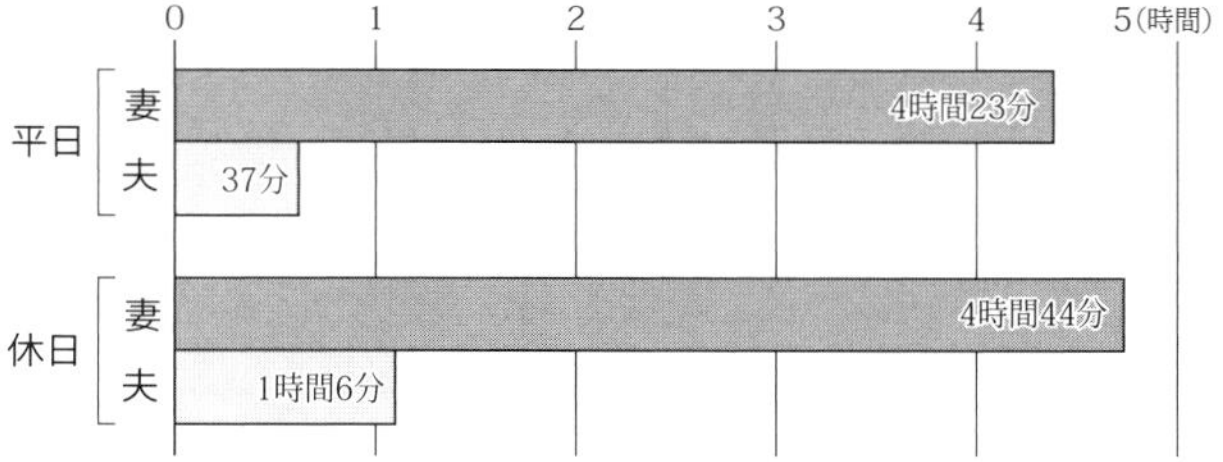


出所：第6回全国家庭動向調査（国立社会保障・人口問題研究所）

ダメ出しをすることは、たとえ姉妹間でもまれだろうと思うことは多い。

実際のところ、多くの夫は家事ができず、手伝うつもりで失敗したり、かえって妻の仕事を増やしてしまったりして、妻の目をつり上がらせたりする。だが、夫達が家事ができないのは、夫の能力が低いからだろうか？ そんなことはないだろう。夫に足りないのは能力ではなく、経験だ。

第二章でも触れた「全国家庭動向調査[*1]」の第六回（二〇一八年実施）で、妻の平均家事時間は夫の約七倍という結果が出た。正確には、料理や掃除などの家事に充てる時間は、平日で夫が三七分。これに対して、妻は約七倍の四時間二三分。休日でも、夫の家事時間は一時間六分程度。一方の妻は、約四倍の四時間四四分という結果が出ている（図1）。

例えば、結婚当初の二人の家事スキルがほぼ同等だったとしよう。「全国家庭動向調査」を元に考えると、妻は週

図２　夫婦間の家事スキルの成長スピードは大きく違う

三一時間二三分を家事労働に使う。一方の夫は五時間一七分。これを五二週間続けると、一六三一時間五六分の妻に対し、夫は二七四時間四四分の家事をすることになる。

これを、新人のＯＪＴにたとえると、その習熟度の差は明白だ。一日八時間の就労に換算すると、妻は一年後には二〇四日の研修を済ませたことになる。来年には後輩が入ってきても、多少のことは教えられるレベルだろう。一方の夫はというと三四日、つまり一ヶ月強の研修が終わったレベルだ。とても、外には出せない、よちよち歩きの新人なのだ。

たった一年でこれだけの差が出る。一年の就労日数を二六〇日で計算すると、一〇年経つまでに、妻の就労経験年数は七・八年ほど。そろそろ中堅と言われる域にある。肩書きがつく頃かもしれない。一方の夫はというと、こちらの就労年数は一・三年。ようやく後輩ができました、という新人二年目だ。これが、定年の頃になると、経験値の差はさらに拡大の一途をたどる。統計通りの生活を続けると、結婚三〇年、定年を迎える頃には、その差は妻の経験値二三・四年、夫三・九年まで開く（図2）。

大ベテランと入社四年目といえば聞こえはいいが、成人し大学を卒業し、就職をする前後の大人と四歳児ほどの子どもの差になっていると言えば、そこに蓄積される経験の差は明らかだ。だから、定年になったからといって、「今日からあなたも家事をやってね」と言われたところで、妻と同じように家事ができるわけがない。「今日から僕も即戦力」は、残念ながら、大きな勘違いとしか言いようがない。たとえ職場では管理職の肩書きがつき、バリバリ仕事をしていると自負していたとしても、職場の経験では卵焼きは焼けないし、節水しながら手際よく食器を洗うことの役にも立たないのだから。

しかし、これはあくまでも経験値の問題であって、夫の能力が著しく妻に劣るせいでもなければ、本来的に男が家事に向かないから、というわけでもない。家事の講座などでもよく話すのだが、社会に出てそれなりに仕事をしてきている夫の能力が、妻より遥かに劣っているはずはない。要は「慣れ」の問題なのだ。

慣れるまでは期待通りにいかないこともある。トライ&エラーの時間は必要だ。そこで、家事をシェアする際には、不慣れであることをアピールする姿勢が重要になってくる。いや、もちろん、「慣れてないんだから、失敗したってしょうがないだろう」という開き直りでは、ものは進むまい。しかし、こちらが期待の新人なら、彼女はベテランの先輩だという認識は欠かせない。

新しい職場に行ったときの気持ちで、「わからないところはいろいろおたずねしますが、今までの社会経験から言っても有能なはずです。ちょっと、慣れるまで時間をください」を基本のスタンスにする。同時に、親方の技術をじっと眺めて盗むというような、丁稚的手法を極力回避し、とにかく彼女の部下に成り下がらないことが、肝心だ。

## 27 言われる前に動こう

先輩後輩のいい関係を維持しつつ、仕事を分担していくと捉えるなら、家事シェアのコツは職場での人間関係を思い起こすと、わかりやすい。仕事の現場で先輩として、「こいつ使えないいな」と思われずにすむ後輩、特に新人の後輩の態度を思い起こせばいいのだから。

一番使えない新人は、と言われたら、指示待ち系ではなかろうか。

「あいつ使えないいな。言われないと動かないから」とか「先のことを考えずに、言われたことしかやらない奴」は、新人だから仕事ができない、手順がわからないというレベルではなく、一緒に仕事をするのは避けたい同僚ではないだろうか。これを、家事シェアに置き換えてみるなら、「言われないと動かない夫」が使えないパートナーの筆頭なのは明らかだ。逆に言うと、妻たる先輩から頼まれる前に動けば、「いい後輩」「できるパートナー」への道が大きく拓けてくる。夫との家事シェアにおけるイラっとする原因を一〇〇人の妻に聞いたリクルートの調査[*2]でも、評価のポイントが高いのは、「言われる前に」動くことだ。

> こちらからお願いしなくても食器を洗ってくれたり、洗濯物をたたんでくれる。以前は言わなければ家事を一切やらなかったので、自分から進んでお風呂を沸かしているのを見ると感激する。やってくれた後には必ずありがとうを伝えるようにしている。
> （二〇代女性）

再び仕事を例に考えよう。後輩に、毎週火曜日の会議のメールを関係各所に出すように頼むとする。一度目は丁寧に手順を教え、直前にならないように、金曜日の午後にでも出すように伝える。

さて、翌週の金曜日。「メール出した？」「何のメールですか？」では話にもならない。「あ、出します」だったら、先輩はどう思うだろう。「はい、出しました」なら合格。出した上で、「ついでに、社内掲示板にもポストしておきますか？」とくれば、よく気がつくな、ということにならないだろうか。

それをゴミ出しに置き換えるとこんな具合になる。火曜日に不燃ゴミ。朝の八時までに出してね、と言われる。そして次の火曜日。妻がゴミのことを言い出した時点で「さっき出しておいたよ」と言えれば合格だ。二回目も妻に「出してくれない？」と言われるようでは、妻は、「本当にやる気がないのよね。毎週同じこと言わないと動かないんだから」と思うだろう。もう少し言うと、毎週同じことを言わなければ動かない後輩は、使えないし、やる気がないし、能力が低いと思われても仕方がない。ゴミの日一つ覚えられないのだから。

一方、ここで、「ついでに聞くけど、燃えるゴミの日はいつ？」と、次のことにまで気を回せれば、これもかなりポイントは高い。もちろん、曜日を確認したからには、その曜日を記憶し、言われなくても実行することも必要だ。「社内掲示板にもポストしておきますか？」と聞いたけれど、聞いただけでポストはしないというのでは、聞く意味がない。同様に家庭でも、有言実行が信頼を生む。

夫は子どもではなくパートナーだ。相手にそう思ってもらうには、日常の業務遂行にあたって、信頼できる存在であることが一番ではなかろうか。先輩が黙々と日々の仕事を担っているのを横目で見ながらスマホをいじり、いざとなるとしゃしゃり出てきて、大口をたたく後輩と仕事をしたくないのは、誰しも同じ。状況は、職場でも家庭でも変わらない。

自分が仕事で信用を勝ち得、先輩後輩を含む同僚と接してきたように、妻と気持ちのよい関係を築くにはどうしたらよいか。パートナーだからと言って過剰に相手に甘えずに、大人としての信頼関係構築を優先すれば、家庭内ですべきことは自然と見えてくるはずだ。

## 28 独占できる家事を探す

今まであまり家事を分担してこなかった、あるいは、手を出すとどうももめるという場合は、妻のテリトリーを侵食しない分野が始めやすい。一番のポイントは、彼女の日常業務とかぶらないこと。そして、担当者が自分だけで、分業がしやすいことだ。そういう意味で、比較的日本の家庭でもよく出てくるのは、「庭の管理は僕がしています」という話だろう。「妻は手も口も出さない」となれば、雑草を取り、庭木を手入れするのは夫の独占的な家事となる。

新型コロナウイルスへの最初の緊急事態宣言の期間も中盤を過ぎたあたりから、女性陣の話題に頻繁に出てきたのが、「美容院どうしている?」だった。髪が伸びてヘアスタイルが気になるという人、伸びて地毛がでてきたせいで、染めた毛との差がくっきりしてみっともないのよ、という人。男性の中には、散髪用のキットを買ってきて自分で切ったという人も何人かいたが、さすがにそんな勇気のある女性は、まわりにはいなかった。

ところが、たった一人だが、「夫に切ってもらった」と言った人がいた。最初にその話を聞いたときは、我が耳を疑った。さすがに、スタイリングというところまでは期待できないけどね、とご本人。まぁ、緊急事態中だし、それほど外にも出ないから……ということでお願いしたらしい。散髪やヘアスタイリングはお手伝いの頻度としては高くない。しかし、困ったなと思ったときにやってもらえたら、これほど有り難いものはない。ついでに、普段から、子ども達の髪も切ってくれたり、同居しているおじいちゃんの髪もやってあげるよ、ということになれば、緊急事態中の一時的な救済ではなく、もはや立派な家事シェアだ。

未就学の子どもを二人抱える友人女性は、帰宅してから夕飯までの間がともかく慌ただしい。

「短時間でちゃっちゃと作れればいいんだけど、私、野菜を切る手際が悪いのよ」

そこで、彼女は夫氏に相談したという。「帰宅後、子ども達の面倒を見ながら一から食事の準備をすると、時間がかかって仕方がない。子ども達に食べさせる時間も遅くなる。私よりあなたの方が手際がいいから、野菜を切っておいてくれないかな？」

以来、前の晩に彼が翌日の夕飯の野菜を切って冷蔵庫にいれておいてくれることになった。彼女は帰宅後、すでに準備の出来た野菜を煮たり炒めたり「火を通して味付けするだけになったら、すごく楽になったの！」という。ちなみに、最近はやりのミールキットというのは、これに近い。全ての食材を計量し、切ったものが、後は調理を待つだけの状態で送られてくる。友人の話を聞いたとき、「彼、人間ミールキットね、すばらしい」と二人で大笑いした。

こちらも頻度は高くないとはいえ、「定期的に包丁を研ぎます」という手もある。砥石で本格的に研げば、切れ味も違う。「包丁研ぎ　教室」というキーワードで検索すると、いくつもヒットする。最近は、三〇〇〇円から五〇〇〇円程度のオンラインの教室などもある。一回教室に行って、砥石を手に入れれば、後は回数を重ねて、腕を磨くだけだ。

そんな、妻に踏み込まれない領域を見つけられればしめたものだ。例えば、新聞を主に読むのが自分なら、読み終わったあと片づけるだけでなく、他の家族が出しっぱなしにした新聞もついでに片づける。そんな身近なところから始めるのはどうだろうか。小さなことだが、毎日の継続は大切だ。その後、資源回収に出す日を確認し、当日は指示される前に、新聞を縛って回収場所に出すところまで責任を持ちたい。さらに、段ボールやチラシなどの資源ゴミの回収まで手を広げることもできそうだ。

これは、小さい子どもを抱える知人女性の例だが、平日は残業が多く、全く戦力にならない夫氏。そこで、育休明けの復帰を機に、彼女が頼んだのは、保育園への送りと休日の食事だった。この話を聞いたのは、彼女の職場復帰から一年ほどしてからのことだが、「さすがに毎週末作ってくれているので、ものすごく腕が上がってきて、この間はすばらしくおいしいミートローフが出てきて感激しちゃいました」と満面の笑み。ちなみに、献立の選定から買い物、調理に至るまで、知人は一切手を出さず、完全にお任せ状態だという。

分野はいろいろあるだろう。新聞回収のようにニッチなところから始めて徐々に広げていく手もある。大事なのは、妻とぶつからずに分業できるエリアを、相談しながらでもよいから見つけ出すことだ。

## 29 作業工程は見せない

先日、友人何人かでロボット掃除機が便利だという話で盛り上がったときに、一人が「見ているとイライラして、結局使わなくなっちゃったわ」と言い出した。「だって、私がやったら、三〇分くらいでできる掃除を、二時間もかけてやってるのよ。見てると効率悪すぎてイライラする」。すると別の友人が、「わかる。旦那が掃除するの見てるみたいだよね」と言いだし、一同大笑い。

笑われる夫側はたまったものではない。効率よく物事をこなす有能な妻は、手際の悪い作業に向ける視線が厳しい。視線の先にいるのが、夫であっても、掃除ロボットであっても、子どもであっても、恐らく自分の手際と比較して、劣るものには容赦がない。

とは言っても、長年家事をやっていれば手際がよいのは当然だ。家事は「習うより慣れろ」なのだから。逆に言うと、慣れない人の作業は手際が悪くても仕方がない。もちろん、「しょうがないだろう」と開き直ってしまっては、もめる一方だ。ここはまず、手際の悪さを指摘される前に「慣れるまで少し時間がかかるけど、しばらく大目に見てほしい」と予防線をはっておくとよい。あるいは、「最初は要領を得ないかもしれないから、いろいろ聞くことになるけど、とにかくやってみるよ」と言って、必要なときはこちらから聞くよ、とアピールするのも一案だ。やんわり、こっちから聞くから、そっちから攻めてこないでと、これも予防線をはっておく。

実際の作業は、見せないに限る。鶴の恩返しではないが、作業工程が見苦しくても、とっちらかってしまっても、最終の仕上がりがよければよい、というのを基本にしたい。相手に口出しする隙を与えないためにも、作業工程は見せない工夫が重要だ。

やり方も、彼女の方法を聞きつつも、基本的には自分のやり方で進めればよい。「自分で工夫しながらやるよ。時間がかかるかもしれないから、他のことをしていてほしい」「わからなかったら後で教えてもらうけれど、まずは一人でやってみるから、たまにはコーヒーでも飲んでくれれば?」言い方はいろいろある。角がたたない程度に、やんわりと、自分でとにかくやってみるから見ないでほしいと伝えてみよう。

慣れない作業は時間がかかる。「効率が悪い」と言われないためには、彼女が作業をする場合の所要時間を確認しておくのも一案だ。慣れるまでは、彼女よりも時間がかかるのも目に見えている。先手を打って、彼女の所要時間よりも、自分がやると時間がかかると宣言してしまおう。「慣れないから、君の倍くらいはかかるかもしれないね」と長めに予想時間を伝える。予想外に早く終わったときは、連絡すればいい。逆に、予定よりかかりそうなときは、早めに状況の「ほうれんそう」も重要だ。

## 30 もったいないに振り回されない

作業工程を見せたくないもう一つの理由は、妻達の「もったいない」意識にある。二〇一八年にニッセイ基礎研究所が実施した共働き世帯の家計管理[*3]を見ると、過半数を超える

図3　共働き世帯の家計管理方法（年代別・子どもの有無別）

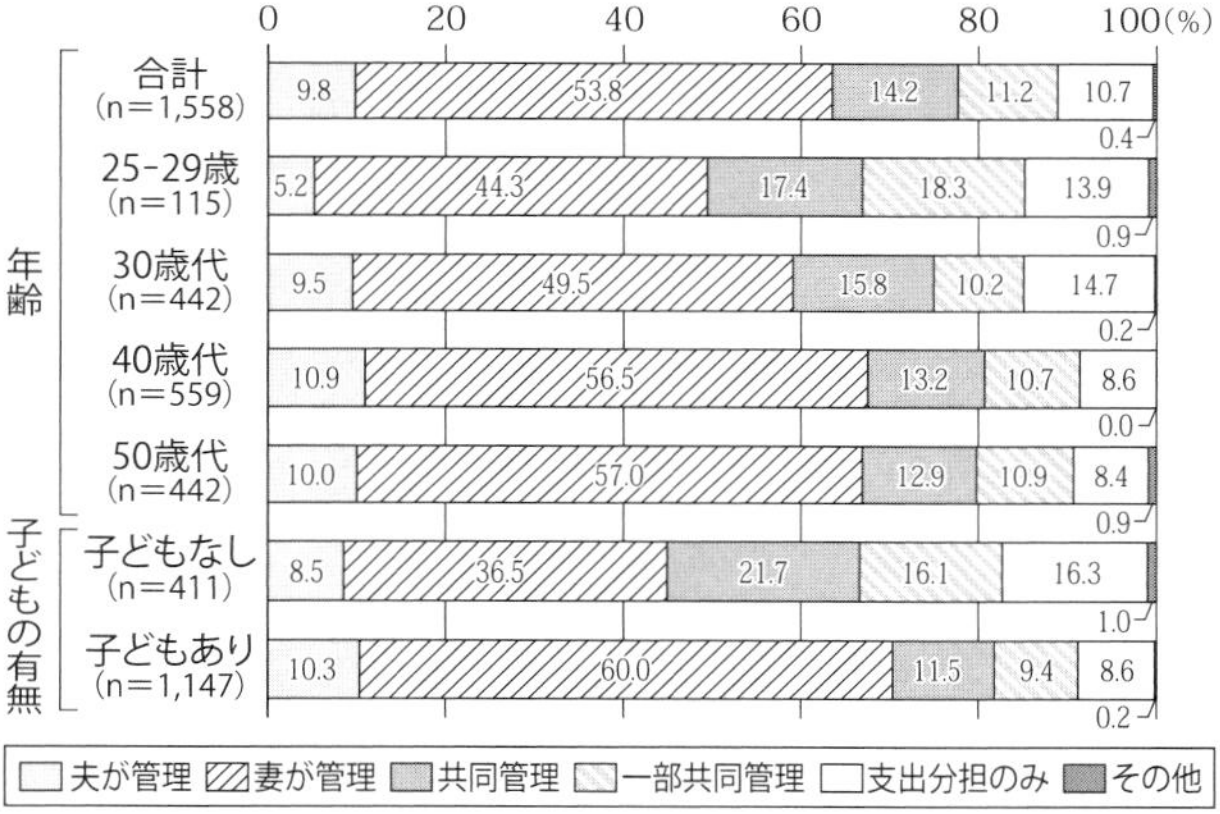


家庭で、妻が家計を管理している。特に、子どもがいる家庭の場合、妻が管理しているケースが全体の六割に及ぶ。つまり、家庭の経営者たる妻としては、「家計を守る」ことに対しても、大きな責任を感じているのだ（図3）。

　家計を守るというのは、言い換えれば、一定の収入の中で、赤字を出さないように家計をやりくりすることだ。資産を増やさないまでも、減らさない。そのために何をするかといえば、まず頭に浮かぶのは節約だろう。無駄な支出を減らし、食品や日用品は「無駄にしないように使い切る」ことが重視される。当然ながら、家事をシェアしたときの夫のものの使い方にも、節約という観点からのチェックが入る。妊娠期から乳児期のママを対象にした雑誌、たまひよの「なぜそうなる?! ママたち総ツッコミ「夫の家事あるある」総集編」というウェブの記事に[*4]、そんな彼女達の視線を垣間見ることができる。

・おふろ掃除のときに洗剤をめちゃめちゃ使う！ ふろ場から「シュシュシュ」と洗剤を吹きつける音がずっとします。今の洗剤は泡立ちがいいのに…。

・料理は上手な夫ですが、野菜の食べられるところまで捨てます。たとえばキャベツや白菜。いちばん外側はまだわかるとしても、二枚目も捨てます。

・うちの夫は、季節を問わずお湯をジャージャーと勢いよく出しっぱなしで洗いものをします。設定温度は四〇度以上。水道代とガス代が心配でおちおち任せられません…。

キャベツ一玉には四〇～五〇枚ほど葉がついているという。一玉二〇〇円だとすると、平均一枚四円程度。内側の小さいものに比べて大きい外側の葉を平均の三枚分相当に見立てても一二円。一玉一〇〇円なら、外側の大きな葉でも五～六円といったところだ。それを無駄にしないことで、塵も積もれば山となると考えるか、効率やおいしさを優先して、多少の無駄はやむなしと考えるか。その数円を積み重ねていくことが結果的に大きな節約につながるとパートナーが考えているとすれば、彼女のその努力を評価する意味で、葉を捨てないという考え方もある。あるいは、もっと別の方法で大きく節約して、日々の細かいところには目をつぶるという提案をする手もあるだろう。

大事なのは、こうした金銭感覚で相手を論破することではない。先輩が経費節減の方法を話してくれているのに、途中で相手を遮って自分のやり方を主張する後輩は、先輩に疎まれる。まずは、先輩のやり方を聞いてみよう。こちらの提案は後日、エクセルにでもして持っていく手もあろうというものだ。

ところで、こうした金銭感覚や経費節減方法のずれは、家事をやっている途中で露呈することも多い。そこで、タスクを中断して、経費の話で先に合意に達するべきかどうか。これは一考を要する。恐らくは、まずタスクを完了させてから、別の機会に経費の話をした方が、話は丸くおさまるのではないだろうか。

そうであれば、とりあえず、注意を受け止めて、「気をつけます」と受け流しつつ、先輩にお引き取り願うのはどうだろうか。後ろで先輩がチェックする中で作業をするのでは、集中もできないし、あれこれ口を出されては効率も悪い。そうなると、作業工程を見せないことが重要になってくる。

まずは一度やらせてほしい。うまくいかない点があったら、あとで聞くから。そうやって、仕事そのものを任せてもらえる状況を作る方が、手早く進み、もめ事が少なくてすむ。ただし、任せてくれといった以上、仕上げは抜かりなく。「大丈夫です、最後は僕が施錠して帰ります」と言っておきながら、鍵だけかけて、電気はつけっぱなしだった後輩に、次回も施錠を頼みたいと思うだろうか。まずは、施錠前にどういう状態になっているべきか、共通の認識を確認し、その状態に持っていくことを目指す。

作業中に、景気よく吹きかけて洗剤がなくなってしまったら、自腹を切って買ってきてはどうだろう。二枚目の葉っぱが硬くてうまく使えなかったら、兜をぬいで、彼女にうまく使ってもらうのも一案だろう。

## 31 どこまでで「終わり」かを話し合おう

仕事というのは、いつも組みたいメンバーと組んでできるわけではない。ツメが甘くて、こちらが尻拭いに入らなければならない人とは、できればご一緒したくない。

例えば、「できました」と送られてきたものが、当初依頼していたパワーポイントではなく、写真とワード原稿の二本立てだったりすると、急遽こちらで合体させなければならなくなる。悪びれず「うまく収まらなくて。でも、遅れるよりいいかと思って」などと相手に言われると、「これでは仕事をしたとは言えない」と嫌みの一言も言いたくなる。本文以外の写真の説明なども、こちらは校正を頼んでいるのに、相手は本文しかチェックしていないなどツメの甘い同僚がいると、途中でそれに気づいて一から確認のし直し。こうなると「遅れるよりましかもしれないけど、これでは仕上げたとは言えない」とカチンとくる。が、同僚にはそういう人もいるものだ。

仕事は、引き受けたら、予め提示された時間内に最後まで責任を持ってやるのが基本だ。「ネットが重くて、ファイルを転送するのに時間がかかって」「交通渋滞に巻き込まれて」。理由はいろいろあっても、とりあえず、締め切りに間に合わなかったり、不完全な仕事を締め切りギリギリになって、不完全な状態で渡されるのは、依頼した側からすれば迷惑以外の何でもない。頼んだことが終わらない状態で、仕事がもどってきたのでは、頼んだ側が「仕事をしたとは言えない」といらだつのは無理もない。

そんなことはわかっている。社会人なのだから。ところが、なぜか、家庭においてはそれが抜けてしまう男性が多いらしい。前出の iction! で、妻達の夫に対するイライラナンバーワンは、「家事のやり方が中途半端だ」という話だ。

・料理は作ってくれるが、片付け、洗い物などは一切やらない。コンロには、油や食材が飛び散り、洗い場には使ったフライパンや包丁などが置きっぱなし。こんなに

中途半端なのに、俺は家事できてるからすごいでしょ？　感謝して？　みたいな態度。（二〇代女性）

・お風呂掃除をしてくれるが、洗った後の床も壁も、ビショビショにしっぱなし。カビが生えそうだから最後に軽く乾拭きしてねと話しているけれど、なかなかできないみたい。（二〇代女性）

一方で、「父・子の家事を日常に」をコンセプトに活動をするNPO法人tadaima! では、「料理をする」と言うときは、「片付けまでやるのが料理」なのか!?　と疑問を呈している。*5

料理をしたら洗いものまでするのが本来だろうか。それとも、料理は料理。洗い物は洗い物。それぞれ別の作業だから、別の人がするのが当然だろうか？　どちらが正解だろうか？　どちらが正解かは、それぞれの夫婦や家庭で決めることだ。

「妻はいつも、料理も片付けもしている。だから、夫が料理をするときも、夫が片付けるべきだ」という考えは、一理ある。一方で、例えば、我が家の場合は、私以外に料理を積極的にする人がいない。そこで、私は料理をするから、片付けは食べた人がするというルールになっている。

大事なのは、どちらが正解かではなく、両者でどこまでやったら作業完了と見なすかの合意ができていることだ。例えば、庭にウッドデッキを作るとしよう。工務店に発注するさい、施主と工務店の間で、「最後のペイントは、こだわって自分で塗りたいから、作るところまでで作業完了とする。後は施主が好きに塗る」という合意が双方の間にあれば、ペンキでの仕上げがなくても、作業未了とは言わない。逆に、最後まで仕上げたけれど、顧客にペンキの色を確認せず、ピンクに塗ってクレームが来た、としたらどうだろう。交渉のツメが甘かったということになるのではなかろうか。

まずは、料理を作るというときに、どこまでやって「料理完了」だと思っているか、両者の意見調整は欠かせない。それをやらないと、「家事のやり方が中途半端だ」と批判されることになる。

風呂掃除の例で言うと、前出の彼女は最後に軽く拭いて初めて「掃除完了」という認識なのだ。一方、「僕は拭かなくてもいいと思う」のであれば、それを理由とともに伝えて、合意を得よう。「カビが生えそうだから」という理由とともに彼女が拭く必要性を説明している場合、それを無視すれば業務完了とならないのは、言うまでもない。それなのにここで「せっかくやったのに喜んでくれない」「感謝どころか文句を言われた」などと言い出せば、使えない夫や子どもと同じというレッテルは避けられない。

これを職場の例で考えてみよう。会議の資料を用意するときに、「資料がばらけないようにホチキスで留めよう」と言う先輩の脇で、何も言わずにホチキス留めをしないで資料をそろえる後輩はどうだろうか？「ホチキスで留めることにしようと言ったよね？なんで決めた通りにやらないんだ？」と先輩からチェックが入るのは当然だ。自分の不完全な作業を棚に上げてその場で「せっかくやったのに」などと言い出せば、扱いにくい後輩のレッテルを貼られても仕方がない。

相手からの提案を無視して作業をしたのでは、作業完了の合意にはたどり着かない。はっきりした理由があるのなら、「二枚だけだから、ホチキスで留めなくてもいいのでは？」と穏やかに逆提案をしてみれば良い。あるいは、全く別の角度から、「事前にＰＤＦで配布して、当日紙の資料はなしにしませんか？」といった提案もあるかもしれない。

大事なのは、相手の言葉をスルーしないことだ。彼女が掃除の後、バスルームを乾拭きする一手間をかけていたから、カビの生えていない清潔なバスルームを使えていたのだと気がつけば、「せっかく洗ったのに妻は文句を言った」とふくれて、ダメな後輩のレッテルを貼られなくてすむのだ。

## 32　ルーティン化がカギ

妻の家事の負担感は、夫が継続的に家事をすることで変わるだろうか？　二〇一五年に

**図4　夫の家事遂行と「妻が負担と感じる家事」割合（掃除・食後の片付け）**

（単位：%）

| | ほとんどしない | 週1〜2回 | 週3回以上 |
|---|---|---|---|
| 掃除 | | | |
| 自分の部屋以外の掃除 | 23.2 | 16.0 | 0.0 |
| トイレ掃除 | 22.8 | 0.0 | 0.0 |
| ゴミ出しのための準備 | 22.7 | 20.8 | 17.6 |
| ゴミを所定の場所に持っていく | 22.1 | 24.2 | 18.2 |
| 食後の片付け | | | |
| 食器を流しに運ぶ | 19.2 | 11.4 | 15.6 |
| 食器を洗う | 17.0 | 16.7 | 8.8 |
| 洗った食器を片付ける | 15.9 | 15.8 | 11.5 |

注）「掃除」n＝34、「食事の片付け」n＝24

大阪府立大学の大学院生藤田朋子さんがそんな分析をした論文を発表した。[*6] 家庭での家事を細かい項目に分け、夫がそれぞれの家事をする頻度別に、「負担を感じる」妻の割合を算出している。調査のサンプル数は少ないものの、なかなか面白い傾向が見て取れる（図4）。

夫が家事をする頻度が高い方が、妻が負担を感じにくい傾向は明らかだ。例えば、夫がほとんどトイレ掃除をしない家庭では、四分の一近い約二三％が負担を感じている。ところが、週に一回でも夫がトイレ掃除をする家庭では、トイレ掃除を負担だと感じている妻はいない。

同様の傾向は、自分の部屋以外の掃除でも見られる。週一〜二回の掃除でも、負担感はほとんどしない場合とくらべて七ポイント以上軽減されている。さらに週三回以上掃除してくれる夫がいれば、妻は掃除を負担だとは感じていない。また、食後の片付けでも、夫が週三回以上食器を洗う家庭で、食器洗いを負担だと感じる妻は一割を切る。

妻は家事をしなくて済むのだから、負担感が少ないのは当然……だろうか？　今まで見てきたように、妻が夫のやり方に納得せず、やり方が違うと怒っている家庭では、とても、負担感ゼロは期待できないように思えたが、どうだろう？　実際には、家事を継続することで夫が家事に慣れ、技術が向上することで、妻の満足度が上がるということではないだろうか。そういう意味では、何か一つ、定番的な家事を決めて、それをルーティン化することで、夫の家事技術は大きく向上し、それと反比例で、妻の負担感は大きく軽減されることが期待できる。

この調査では、夫が担当する家事を細かく分類して、その頻度をたずねている。これを見ると、食後の片付けで夫の多くが担当しているのは、食器を流しに運ぶ（八二・八％）までで、実際に食器を洗っている人は四割を切ることがわかる。掃除で言えば、ゴミを所定の場所に持っていく人は四三・四％。トイレ掃除は四・六％に留まっている（図5）。

これを、図4の妻の負担感とあわせて見てみよう。週一〜二回、夫が流しまで食器を運んでくれる妻の負担感は一一・四％。これが週三回に増えたところで、妻の負担感は減るどころかかえって増えている（一五・六％）。つまり、食器を流しに運ぶだけでは、毎日や

**図５　夫の家事の実施内容を細かく分類**

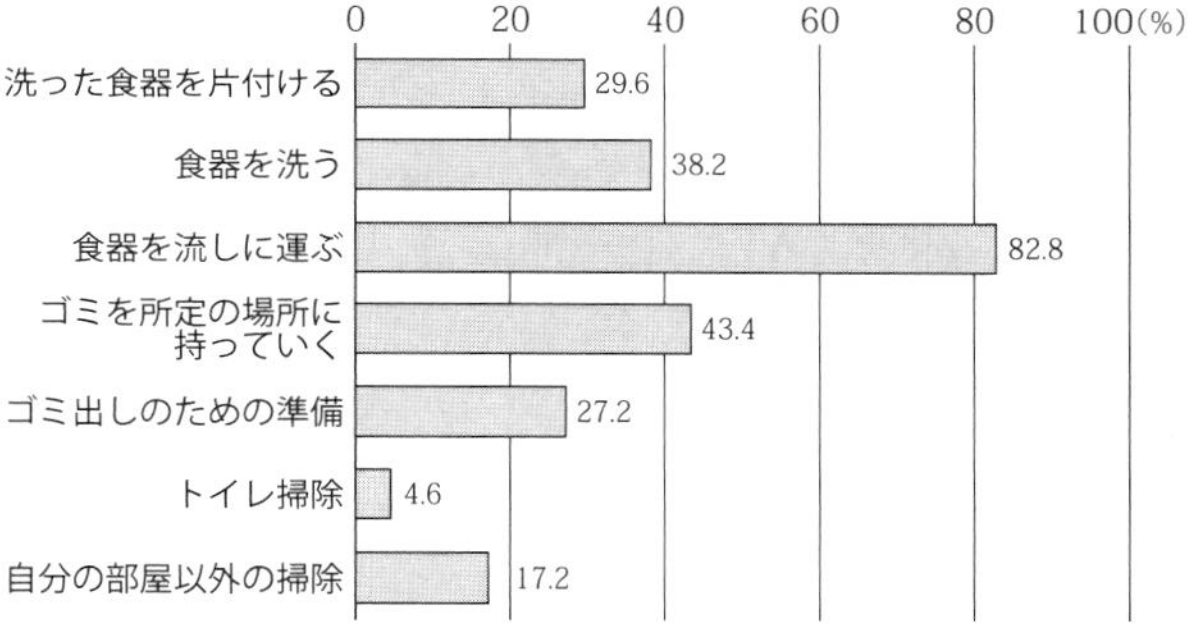


注）夫が「週1〜2 回以上」各家事を遂行する割合（％）
「洗った食器を片付ける」n＝152、「食器を洗う」n＝152、「食器を流しに運ぶ」n＝151、「ゴミを所定の場所に持っていく」n＝152、「ゴミ出しのための準備」n＝151、「トイレ掃除」n＝152、「自分の部屋以外の掃除」n＝151

っても、週一〜二回でも、ほとんど負担感の軽減にはつながらない。喜んでもらえる可能性も低い。

一方、「食器を洗う」は、週一〜二回食器を洗ってくれる夫のいる妻と、週三回以上食器を洗ってくれる夫がいる妻では、負担感は明らかに違う。妻の負担を減らし、家事をシェアしているという評価を得るためには、食器を運ぶより、食器を洗う方が効果が大きい。また、週一〜二回よりは三回以上とルーティン化すると効果大だ。

掃除では、トイレ掃除を実行している夫は五％弱だが、週に一〜二回やってくれれば、妻は負担を全く感じなくなる。その効果は非常に大きい。自室以外の掃除も、実践している人は少数だが、多くの人がやっているゴミを運ぶに比べると、負担感は低い。週三回以上掃除をしてくれれば、負担だと感じる人は大きく減る。

こうして見ると、ゴミ出しや食器を流しに運ぶといった、「子どもとともにできるお手伝い」よりもう一歩踏み込んだ家事を何か一つルーティン化して継続的にすることが、家事の技術の向上という意味でも、また、妻の負担軽減という意味でも有益なのではないか。

## 33 家事を分解する

前項の藤田朋子さんの研究に出てくる食後の作業について、もう少し考えてみたい。この調査では、食後の作業として、

- 食器を流しに運ぶ
- 食器を洗う
- 洗った食器を片付ける

の三つの工程があげられている。一般的には、この三つをひとまとめにして「食器の片付け」なり「食器洗い」ということが多い。つまり、家事の多くは、この「食器洗い」のように、通例複数の作業でなりたっていて、それをひとくくりにして名前がついている。彼女がやったように分解してみると、どの作業に負担感が大きいかが見えてくる。

もう一つ、藤田さんも例にあげているトイレ掃除を例に見てみよう。「トイレを掃除する」と言われたら、どんな作業を想像するだろうか？

・便器の中をトイレブラシでこする
・便器の外側を拭く
・便座の表裏を拭く
・トイレの床を掃く
・手を洗う部分を雑巾で拭く
・タオルを交換する

こうして、実際の作業をあげてみると、トイレ掃除と一口で言っても、そこにはいろいろな作業が含まれていることがわかる。一般的には、この作業を全部やることがトイレ掃除という家事になる。

しかし、「トイレ掃除」という名前がついてひとくくりになっているからといって、一人の人が全部の作業をやらなければならないわけでもない。また、トイレ掃除だからといって、個々の作業を一度に全部済ませなければならない理由はない。もう少し言うならば、トイレ掃除だからといって、全ての作業を同じ頻度でやらなければならない理由もない。

トイレの臭いが気になるなら、床は毎日拭いた方がいい。しかし、便器はそんなに汚れ

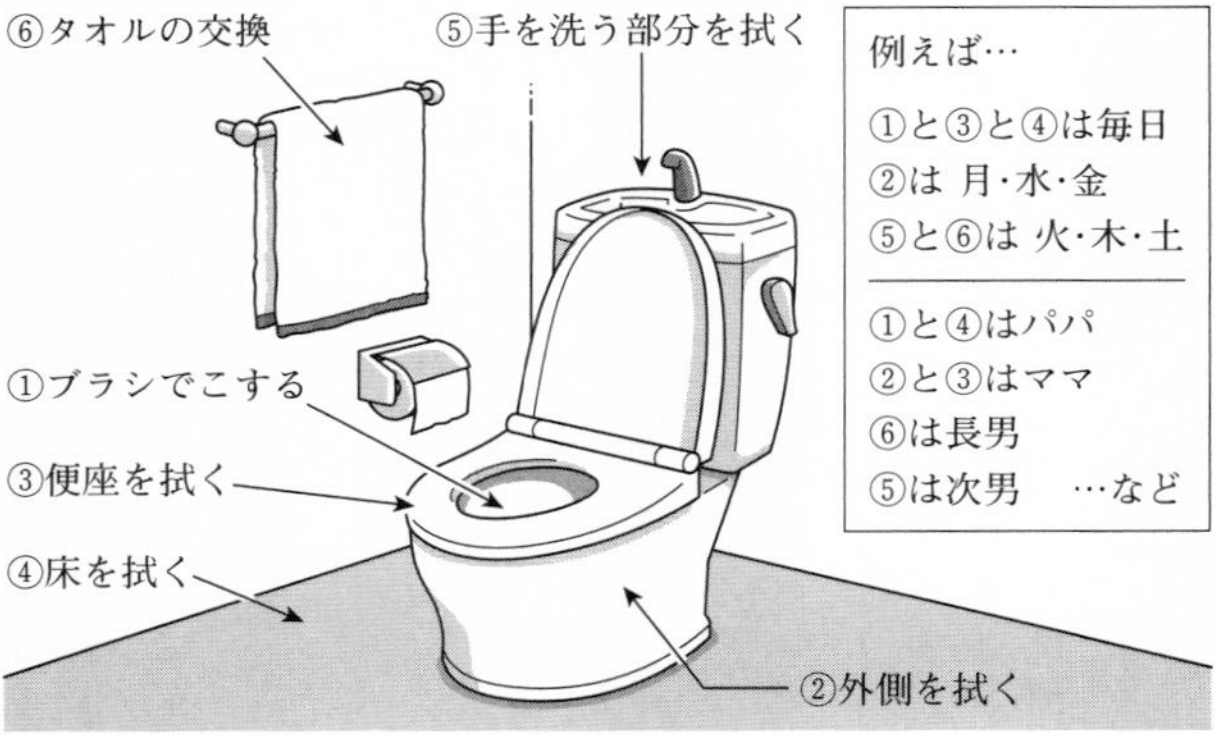

図6　トイレ掃除を分解する

ない……となれば、便器を拭くのは一日おきでもよいかもしれない。一方、汗をかく夏場は、便座の汚れが気になるから毎日拭きたい。でも、冬の間は三日に一回。そんな組み合わせだってありえるわけだ(図6)。

我が家には男の子が二人いたので、小さい頃は、はねこぼしでトイレの臭いがかなり気になる状態だった。そこで、トイレに、アンモニアの臭いを中和する効果のあるクエン酸水(クエン酸小さじ一を水二〇〇㎖で溶かしたもの)をスプレーの容器に入れて用意した。そして、「これをシュッシュと床にふきかけて、トイレットペーパーで拭いて掃除をすると、おしっこの臭いがとれてくるから、おしっこくさいときは、これをスプレーして、床を拭いてね」と息子達に伝えた。それ以来、ことあるごとに、「トイレが臭いから、床を拭いてくれない？」と子ども達に声をかけ続けた。汚す本人達に、掃除の一端を担わせたいと思ったからだ。チョコチョコ床掃除をしてきた甲斐あってか、徐々に床のおしっこ臭さは消えた。現在では、おかげさまでもう何年も消臭剤や芳香剤を使わずに過ごしている。

トイレの床掃除を子ども達に任せるにあたっては、従来雑巾でやっていた作業をトイレットペーパーに変更した。雑巾だと、作業をしたあと、トイレから出て雑巾を洗い、干しておく作業が必要になるが、トイレットペーパーなら、拭いたらそのままトイレに流してしまえばいい。これによって、作業が大幅に簡便化された。大したことではないようだが、場所を移動せず、その場で作業を完結できることのメリットは非常に大きい。

夫の場合、毎日の慌ただしい生活の中で、いわゆるトイレ掃除の全工程を毎日引き受けるのは不可能かもしれない。しかし、例えばそれが、一日に一回のトイレの床拭き（といったってトイレットペーパーで拭くだけだが）を引き受けるのはどうだろう？　一回の作業時間は、せいぜい三〇秒といったところか。それならば、朝用を足した際にでもできそうだ。

思い立ったら、とりあえず、「トイレットペーパーで床だけ拭く」作業を引き受けてみる。妻が、トイレが臭うのは夫が汚すからだと思っているのであれば、これは、彼女の気持ちにも響くオファーだろう。もちろん、実際の作業のタイミングは、朝でもあるいは夜寝る前でもかまわない。大切なのは、それを継続することだ。毎日でなくても、頻度を決めて、とにかく一週間から始め、一ヶ月、三ヶ月……と続けたい。これこそ、継続は力なりで、臭い予防にも、清潔維持にも非常に効果がある。

それ以外にも、一日一回トイレブラシで便座の中を軽くこすって、水を流すのだけは忘れずにやるようにする方法もある。作業を分解していくと、一つの作業自体は、短時間ですむ。細分化すると、作業時間も短縮され、手間も減る。

## 34 場所別ではなく、作業別に掃除を分担

家事を担当する、特に掃除をするとなると、アナタがトイレ掃除、ワタシはお風呂掃除、といった具合に場所別に分けることや家事の名前別に分担することを考えがちだ。しかし、前述のトイレ掃除のように、作業を分解して、その一部を継続的に引き受けることで、さほどの手間をかけずに掃除の一端を担うことは不可能ではない。

具体例をあげてみたい。掃除したくない場所として、不人気な排水口。残念ながら多くの家には、台所、浴室、洗面所と、最低三ヶ所は排水口がある。その中の一ヶ所の掃除を引き受けることにする。

台所の排水口の場合は、作業に先立って用意するものが二つある。一つは、排水口の口

径にあったゴム栓。排水口の口径は二種類あると聞いたことがあるが、およその大きさを測ればネットかホームセンターで手に入る。ゴム栓は、あとで、引っ張って簡単にはずれるように、チェーンがついているものがおすすめだ。

もう一つは過炭酸ナトリウム（酸素系漂白剤）。過炭酸ナトリウムは最近は一〇〇円ショップやドラッグストアでも手に入る。過炭酸ナトリウムは、漂白やカビの除去効果がある。塩素系漂白剤のような臭いがなく、その酸化能力も塩素系漂白剤より劣るため、色柄物の衣類に使用できる。使用の際は、商品説明をよく読み、指示に従っていただきたい。

また、素手で生ゴミ受けやカバーに触れるのが気持ちが悪ければ、使い捨ての手袋もあるとよいかもしれない。

作業は次の通りだ（図7）。

①生ゴミ受けを排水口から外し、排水口の上にかぶさっているカバーをはずす。
②排水口のパイプにゴム栓をはめる。チェーンは排水口の外に出しておく。
③ゴミを捨てた生ゴミ受けを排水口に戻す。
④排水口にかぶせてあったカバーを生ゴミ受けに入れる。
⑤過炭酸ナトリウム大さじ一を生ゴミ受けに入れる。
⑥⑤に蛇口からお湯を注ぐ。五〇度くらいの熱めのお湯がよい。

⑦カバーなどが浮いてこないように、上から菊割れゴムを軽くはめて一晩おく。
⑧翌朝、菊割れゴムを外し、生ゴミ受けをはずす。
⑨チェーンをひっぱりゴム栓をはずして、水を流す。

段階を追って書くとかなりの作業に見えるが、実際には二分もかからない。この作業を週末にやっておけば、一週間、排水口の掃除をしなくても、清潔は保てる。

また、⑧と⑨は、朝一番に流しを使う人が担当する、と、家庭内で取り決めておけば、作業はさらに短くなる。

過炭酸のつけ置きは、時間はかかるものの、その間何か作業が発生するわけではない。つけ置きだけして寝てしまえば、朝にはかなりきれいになっているし、つけ置きしてから出かければ、帰宅時には作業が終わっている。うまく利用すれば、家の中の掃除にかなり有効だ。台所の排水口以外にも、我が家では、お湯で溶かした過炭酸ナトリウムを入れた空き瓶に、洗面所の排水口のトラップをつけ置きし、詰まりの原因になるヘドロのような汚れを落としている。また、トイレブラシも、定期的に空き瓶に作った過炭酸水溶液（お湯）につけ置きしておくと具合がよい。いかにもばい菌がついていそうで、果たしてこのトイレブラシで掃除をすることが、清潔に寄与するのかどうか不安になるという声も多いトイレブラシ。こまめに捨てるようにしているという人もいるが、過炭酸のつけ置きで、見た

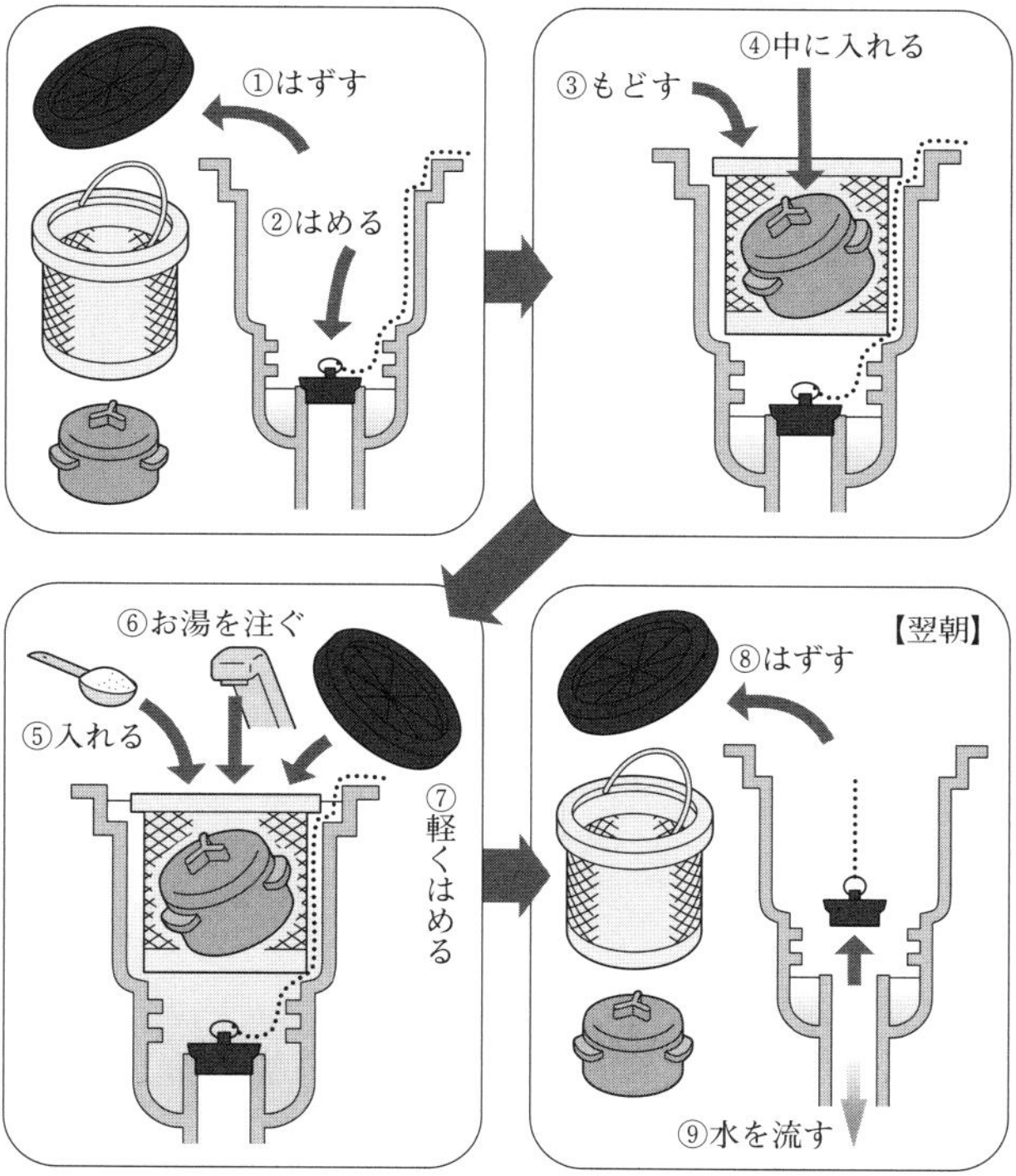


図７　排水口の掃除を分解する

目もスッキリ。汚れも落ちる。しかも、使用済みのつけ置き液は、そのままトイレに流すだけだ。

つけ置きは手間があまり掛からない。が、継続していくことで、日々の掃除の手間や時々発生する「大掃除」を回避できる。過炭酸ナトリウムは作り置きができないなど、使い方に注意が必要となるので、詳細は製品表示にしたがって使用を。使ったことがなければ、二人で買いに行くことから始めるもよし、秘密裏に脱大掃除作戦を敢行するもよしだ。

この他にも、朝の洗面時に、洗面台の鏡だけ拭くとか、洗面台の洗面ボウルだけ軽くこすっておくといった作業を引き受ける手もある。一回こすっただけでは目に見えてピカピカにはならない。が、毎日やっておけば、少しずつキレイになっていく。特に、歯磨き粉や石けん類で曇りがちな洗面台の鏡は、クエン酸水をスプレーして乾拭きすると、洗剤のこびりつきやマクが徐々にとれてきれいになっていくので、お試しいただきたい。

## 35 掃除以外の作業別分担

掃除以外の家事も、場所別、名前別ではなく、個々の作業別に分解して考えてみてはどうだろう。平日は仕事が忙しくて手伝えないから、土曜日の午前中にまとめて家事を分担する……という考え方もあるが、一回の作業が三〇秒から一分程度で済むように分解して、朝毎日三〇秒、ちょっと作業をすることで、週末の作業を軽減する手もある。

前出の食後の片付けでも、食器を流しに運ぶだけでは不十分なら、「食器を運んで洗う、まではやるから、洗った食器の片付けは君が頼む」という方法もある。食器の洗い方でもめそうならば、食器の片付け係を買って出る手もあるだろう。毎日が厳しければ、月・水・金など曜日を決めて、そこだけ担当するという手もある。

また、いっそ「食器を運ぶまではやるから、洗って乾かすのは機械を導入しよう」という提案をして、機械化によって家事を省くのも一案だ。母子で夕食を済ませ、残業が終わった夫氏だけ食事時間が別という知人の家では、夕食後、彼女が自分と子ども達の使った食器と調理器具を食器洗い機にセット。最後に食事をする夫氏は、食べ終わったら自分の分を食器洗い機にセットして、スタートボタンを押すことになっているという。

洗う、干す、取り込む、たたむと、長時間にわたって断続的に作業の続く洗濯も、分業に向いている。我が家でも、洗濯の工程で、家族が最も苦手とし、面倒くさがったのが洗濯物を洗濯機から出して、干す部分だった。特にズボンやセーターが絡まってうまくとれなかったり、伸びてしまって私に文句を言われるために、洗濯物を洗濯機から出すのをおっくうがることが多かった。また、シワを伸ばさず、引っ張り出した洗濯物をそのままハンガーにかけると、「シワだらけだ」「もっとキレイに干せ」と、私に文句を言われる。どうやっても文句を言われるから、手伝うのはいやだ、という話になる。

そこで、洗い上がったら、シワを伸ばしながら軽くたたんでカゴに重ねていき、それを家族に渡すようにした。しめった状態でシワを伸ばすと仕上がりもキレイで、重ねておくと、自重でシワは更に伸びるので、とりあえず、ここまでこちらで担当し、後は家族に委ねることにした。我が家では、夏休みなどは、朝のうちにカゴに洗い上がった洗濯物をざっとたたみ、子ども達に干す作業と取り込む作業を依頼して仕事に出ていた。

そういう意味では、夫が「洗濯機から出して、軽くたたんでおいてもらえれば、干すよ」と交渉することで、「あなたが干すとシワだらけ」という批判を回避する手はある。あるいは、干す時間がもったいないから、乾燥機を導入して、肩代わりさせるのはどうかといった提案をする手もある。

部分的にとはいえ、家事を継続的に分担することにはいろいろなメリットがある。作業全体を一人でやる訳ではない分、作業結果の質を厳しく問われにくいことは、メリットの一つだ。批判されにくくなるだけでなく、時間的な負担も少ないので、シェアのハードルも低くなる。一方で、作業を継続的に続けていくと、他の作業との関連が見えてきたり、効率化のヒントに気づくことがある。気づいたことを口にすることで、家事を巡るコミュニケーションが始まることのメリットは、実は大きい。また、継続的に家事をすることは、家庭内での前向きな評価につながる。同時に、他の家族が各々の担当作業との線引きがしやすくなり、家事の作業のメリハリがつけやすくなることも、実際に家事をしていると大きなメリットであることに気づく。

まずは、なるべく負担の少ないもので続けられそうなものをいくつか試してみて、できそうだったら、「これをやろうと思うけれど、どうだろうか」と、夫側から提案してみることをお薦めしたい。

## 36 目指すは男の家事

『dancyu』という雑誌がある。「男子厨房に入らず」をモジって「男も入るよね」という意味を込めて名付けられたという。創刊された一九九〇年代から三〇年経った現在、「男の料理」という言葉はずいぶんと定着してきた。お弁当を自分で作る「弁当男子」といった言葉がはやったのも記憶に新しい。料理教室のベターホームやABCクッキングスタジオでは、男性向けの料理教室などを開講している。まわりにも、「料理ができるともてるわよ」と言って息子に料理を仕込んだ、という友人は何人もいる。

実際に、Twitterを見ていると、韓国などでは料理のできる男性の人気度は非常に高いようだ。アメリカでも理想の夫の資質によくあげられるのが「料理ができること」「料理を作ってくれること」である。洋の東西を問わず、料理のできる男は人気が高い。

その男の料理。一体どんなものかとAll Aboutの「男の料理」のページを見ると、男の簡単料理、鍋物・和食、イタリアン・洋食といったメニューが並ぶ[*7]。バーベキューレシピやダッチオーブンレシピといったアウトドアクッキングが幅を利かせるあたりが、男性の料理の特徴だろうか。同時に、フライパン一つで作る料理といった、ガイドの土屋敦さんの言う「シンプルなのにおいしい簡単レシピ」が中心なのも、女性が作ることを想定したいわゆる家庭料理と様相が違うところかもしれない。

簡単料理、鍋物、フライパン一つで作る料理は、家事に疲れた、ひねくれた目には、いわゆる「手抜き料理」に映る。しかし、それでOKなのだ。なぜなら、「男の料理」だから。本来「厨房に入るな」と言われてきた男が、不器用だけどダイナミックにやる料理だから、シンプルで簡単でいいんだよ。おいしければいいじゃないか。「男の料理」にはそんな響きがある。

だとしたら、男の窓掃除や男のアイロンがけがあってもいいのではないだろうか。妻のやり方とは一線を画した夫流の家事。妻の顔色をうかがい、喜んでもらうために妻の後を追う家事ではなく、不器用でも自分と家族が気分よく過ごすための家事だ。妻からは「それは手抜きじゃない？」と言われるものでも、「いいんだよ、僕がそれでいいと思っているんだから」と受け流せるような家事を目指したい。

## 37 good dadという領域を確立する

「日本にいると良い母、良い妻がとても強調されているけれど、アメリカにいると、good dad っていう言葉の方が耳にする機会は多いような気がする」と言うのは、アメリカから来たEだ。アメリカの社会では「子どもの発達や人間関係の問題では、お父さんとの関係がどうだったかが重視される」という。

家事が苦手なら、育児の一部分を自分の役割として引き受ける方法もある。BBCのウェブマガジンが、二〇一九年六月に「The secret of being a good father（いいパパでいる秘訣）」という特集を組んでいる。[*8] 見出しには、「過去の児童発達の研究では、父親は無視されがちだった。しかし、最近の研究から、子どもの行動や幸福感、認知技術における母親以外のケアギバーが非常に重要な役割を果たしていることがわかってきた」とある。記事に登場するマイケル・ラム教授は、Fatherhood Global というウェブサイト[*9]を主宰する、ケンブリッジ大学の心理学者だ。

父親と感情的な関わり合いを持ってきた子ども達は、精神的な発達がよいとラム教授は言う。また、父親だけでなく、祖父母など、母親以外の人の育児参画が、子どもの成長過程で大きな刺激になるという。

平日は仕事に追われる状況での子育ては厳しい部分も多いが、何か一つ、自分の担当を決めて関わるのはどうだろう。ここでも、大事なのは、妻の部下にならずに、自分が続けられることを担当することだ。

保育園の送りか迎え、どちらかを担当する、という人は多いが、職住近接だったI氏は入浴担当。「夜勤のある仕事だったが、夜勤の前に入浴させればよいので、一年中ずっと、風呂に入れるのは僕の仕事だった。残業があるけれどその前に時間があいた、となると、そこで大急ぎで家に戻って、とりあえず子ども達を風呂に入れてから職場に戻ったりもした」と言う。

入浴の仕方はともあれ、毎日必ず夫がお風呂に入れてくれるとわかることは、その仕事が妻の頭から抜けることを意味する。夫が「確実に子ども達を入浴させてくれる」と、彼女が夫を信頼すると、洗い方など細かい指示を出さなくなる。その仕事は「夫のものだ」という認識が育つからだ。こうなると、仕事は夫に「任された」ことになる。この状態が作れれば、後は同じように信頼し、任せてもらえる家事を徐々に広げていけばよいだろう。

子ども達も、お風呂はお父さんと入るのが当たり前になると、父の帰宅を待つ。お風呂で過ごす時間が貴重なコミュニケーションの場になるだけでなく、アレルギーや傷など、健康面での妻とのやりとりの情報収集の場にもなるだろう。「すりむいたね、転んだの？」から、子どもの大冒険の話を聞くことになるかもしれない。これもまた、定期的に継続することで得られる大きなメリットだ。

大学で教鞭をとるS氏は、普段からこまめに家事参加をしている。しかし、彼の good dad たる最大の所以は、夏休みの帰省だ。子ども三人を連れて、一人で実家に戻り、一週間ほどを過ごす。パートナーが来たければ拒まないけれど、「一週間くらい、子ども達からも家事からも解放されて、自分の時間に使っていいよ」という意図があるので、基本的には妻はまきこまないで帰省する。当初、まわりは、「偉いわね、大変ね」と大いに驚いたそうだが、当人は涼しい顔。毎年必ず、父子帰省を続けてきた。こうなると、父子帰省は年中行事の域となる。大きくなった子ども達も、それを予定に入れて夏休みの計画をたてるらしく、父子帰省は子ども達が大学生になっても続いた。

東京でティーンエージャーの子育て中のオーストラリア出身のNは「私が口を出さないで、夫に任せた方がいいこともあるでしょう？」と言う。「例えば、私が買ってきた下着なんて、中学生男子は着たがらない。だから、夫が息子と買い物に行くの。男同士の関係を優先した方がいいこともあるわよね」。おしゃれなパパなので、子どもの洋服などはパパがアドバイスしているらしい。

しかし、これは一〇代の男の子に限らないだろう。靴を買いに行くのはパパと。洋服を買うのはパパと。そんな分担の仕方は楽しい。自身の洋服を買うときに「息子を連れて行っちゃう」という知人男性もいる。そうすることで、自分の趣味が伝わるし、大好きなパパが着ているものは「かっこよく」見えるようになる。そんなモノを介したコミュニケーションも、毎日のものではないが、担当を決めて分担することはできる。

分担を決めるときは、ぜひパートナーに相談しよう。できそうなことはあるか、やると助かることは何かを相手に聞くときは、できれば複数の提案をしてもらうとよい。その中で自分が続けられそうなもの、子どもと一緒に楽しめそうなものを選べばよい。

さらに、「靴を買いに行くのは僕がやるよ」「土曜日の昼は、二人でご飯を食べてくるから、少しのんびりしたら。もちろん、気が向いたら三人で食べにいくのもいいよね」といった、自分が続けられそうなことの提案をこちらからしてみるのも一案だ。提案して、案件成立となった暁には、確実に実行することが重要なのは言うまでもない。

# 第五章　なぜ買い物はもめるのか？

## 38 買い物はお手伝いの筆頭

「はじめてのおつかい」というテレビ番組をご存じだろうか。子どもが、親御さんに頼まれて、初めてひとりでおつかいに行く姿をテレビカメラが追うドキュメンタリーだ。大人と一緒ならなんのことはないタスクを、三歳、四歳の子が初めてこなすことで起こる大冒険。買うものを忘れてしまったり、おつりを取り忘れたり、買ったものが重くて持ち帰るのがつらくなってしまったり。そんなトラブルを乗り越えようとする子ども達を、親ではなく、お店や周囲の大人が助ける。途中で、くたびれてしまって、道にへたりこんだり、一緒にでかけた弟がだだをこねたりする姿を、カメラが丁寧に映し出すという人気番組だ。

確かに初めておつかいに行く三歳児、四歳児にとって、おつかいは文字通り未知の世界だろう。だが、見方を変えると、三歳児、四歳児でも、こなせるのがおつかいだ、とも言える。初回は確かに大冒険でも、慣れてくれれば、子ども達も、近所のお店に牛乳を買いに行くことなど、苦もなくこなせるようになってしまう。

そういう意味で、おつかいは、子どものお手伝いの典型だ。子どもでもできるんだから、大人の夫にとっては朝飯前。そう言いたいところだが、実際は、夫が手を出したときに、妻のバッシングがひどい家事の一つが、買い物ではなかろうか。

夫の買い物ネタをよく取り上げている投稿サイト「ガールズちゃんねる」から、バッシング具合をいくつか引用する[*1]（この章での引用は特に断りがなければ同サイトより）。

・大体間違えるから頼まない

・画像付きで買い物頼んでも違うの買ってくるからもうどうしたら…

・三つ頼むとそのうちの二つを忘れて、その代わり大量のお菓子を買ってくる。

子供のおつかいみたいだなぁと思うことがある。

夫の買い物へのコメントで非常によく出くわすのが「違う」「間違えた」という言葉だ。

これは、彼女達の頭の中に、絶対の正解があることを示している。彼女達が買い物を頼むとき、頭の中には、ドストライクの商品が一つはっきりとイメージされている。それ以外のものは全て、はずれであり、間違いなのだ。別の言い方をすると、彼女達の想定している絶対の正解を買ってこなければ、感謝もされないし、喜んでももらえない。

子どもがおつかいでうまくいくのは、単体やごく少数のものを頼まれるからだ。そこには、子どもの自主性も独自の判断も、入り込む余地はない。言われたことをちゃんとやることが、買い物の最大のタスクなのだ。

そういう意味で、おつかいではあくまでも、ボスたる妻のご意向にあったものを外さずに買ってくることが求められる。買い物、特に頼まれたものを買ってくるというおつかいの作業は、独自性や任せてもらうタイプの家事シェアにはなりにくいことは、頭の片隅においておきたい。

## 39 正解の商品を買うための二大ポイント

こと買い物に関して言うと、妻の中にある絶対の正解は、二つの要素から構成されている。一つは商品そのものの選択。もう一つは「正しい」単価だ。この両方がクロスしたところが彼女のドストライクの正解となる。そして、このドストライクから外れればはずれるほど、「これじゃない!」「違うものを買ってきた!」という怒りは大きくなると、腹をくくった方がよいと思われる。

ストライクゾーンについて、ガールズちゃんねるに出てくる例から、いくつか具体的に考えてみたい。

### (1)キャベツ

野菜の場合、商品の要素は振れ幅が小さい。キャベツと言われれば、キャベツ。ガールズちゃんねるでしばしばやり玉にあげられているのが、キャベツの代わりにレタスを買ってきたといった商品の取り違えだ。これは残念ながら論外。

・最近レタスとキャベツを覚えました何回失敗したろう…
・キャベツ買ってきてって言ったらレタスだった
・キャベツ切らして夫にキャベツ買ってきてとお願いしたのにレタス買ってきた。キャベツとレタスの見分けがつかないと言い訳してたけど、プライスカードに書いてるよ！

ありがちな取り違え例の代表は、キャベツとレタス、ブロッコリーとカリフラワー、ほうれん草と小松菜あたりか。子どもが間違えたのならば、笑いの種で済むところだが、相手が大人だと「常識がない」と受け止められ、怒りを買うことになる。確信が持てない場合は、見栄をはらず、売り場で表示を確かめるか、写真で確認したいところだ。

一方の単価については、イオンのネットスーパーを中心に、東京近郊の有機野菜専門店などの価格も参考にしてマトリックスを作ってみた（図1）。一口にキャベツと言っても、有機野菜か産直か、国内産かといった違いで価格に開きがある。同じスーパーでも、有機野菜は、通常の国内産とは別の棚にある。そして、有機野菜は、通常品より見てくれは劣

図1　キャベツのマトリックス

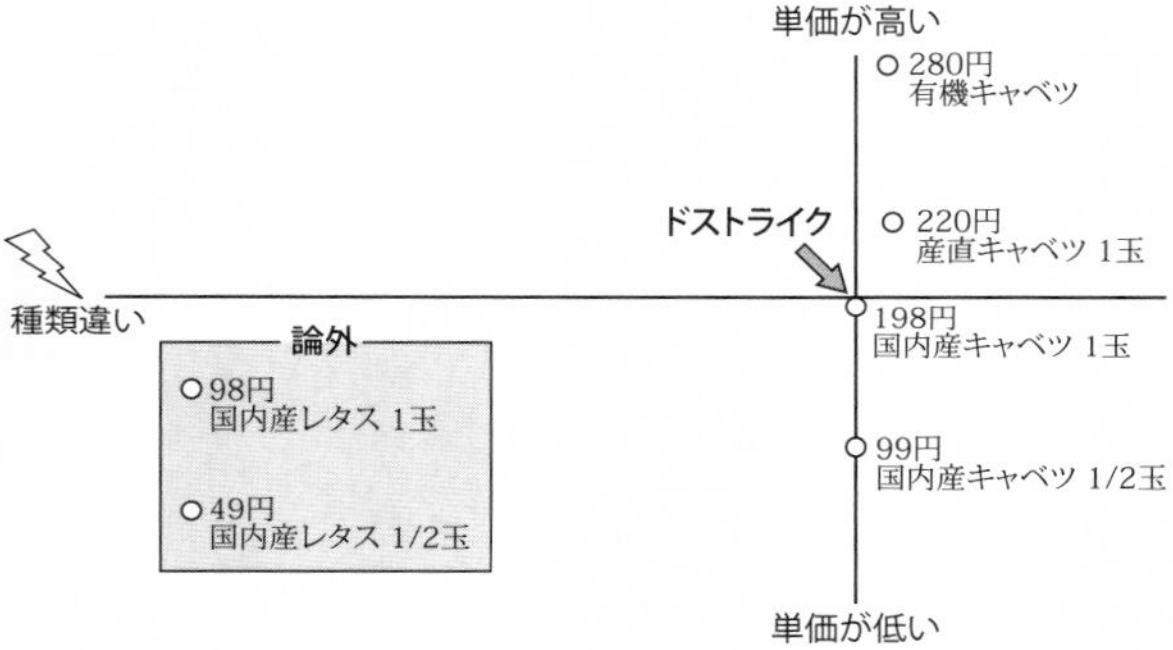


るが、遥かに値が張る。

妻にとって「正しいキャベツ」を選択するには、妻の商品へのこだわりを認識していなければならない。例えば、日頃から有機野菜を使っているのであれば、選ぶべきは当然、高くて、恐らくは一般品より小ぶりの有機野菜ということになる。一方で、普段有機以外の国内産を選んでいる妻の場合は、有機野菜を買っても喜ばれない可能性は非常に高い。一玉二〇〇円前後の国内産か産直品があったとすれば、そのどちらかならほぼ安全だ。

こと野菜に関しては、広めのストライクゾーンというものが存在せず、ドストライク一択なので、外したら、そこでゲームオーバーだ。有機野菜か通常品かを選び間違えるということは、妻の日頃の買い物へのこだわりに気がついていない（＝私を理解していない）という解釈につながる。

ドストライクを外さないためには、野菜は、想定単価を確認しておくとよい。そして、実際の店頭で見つけたものが妻の想定単価と三〇円以上の乖離があったら、まずは、購入の意向を確認すると安全だ。

高すぎる買い物は日頃の妻の節約の努力をわかってくれていない、という思いにつながる。同時に、安すぎるものに対して品質に不安を感じる女性は多いので、極端に安いときも、「すごく安いよ」と連絡を入れてみる方が問題は起こらない。もちろん、一玉で買ってきてと言われたのに、安い！　と飛びついたら半玉だった……なども、評価の対象外になる可能性は高い。

野菜の買い物は、簡単そうでいて、ドストライクが狭い分、失敗する可能性が高い。一人で買い物に行く前に、妻の買い物に同行し、日頃のこだわりなどを確認することをおすすめしたい。

### (2) 牛乳

牛乳などの乳製品、豆乳などは、商品ベクトルの振れ幅が大きい。普通の牛乳の他に低脂肪、特濃など、脂肪分の含有率によって味が異なる。商品ごとに使用方法も異なり、好みも異なるので、「我が家の定番」を意識、確認したい。こちらも、イオンのネットスーパーの商品を例に、牛乳マトリックスを作ってみた（図2）。

**図2　牛乳のマトリックス**

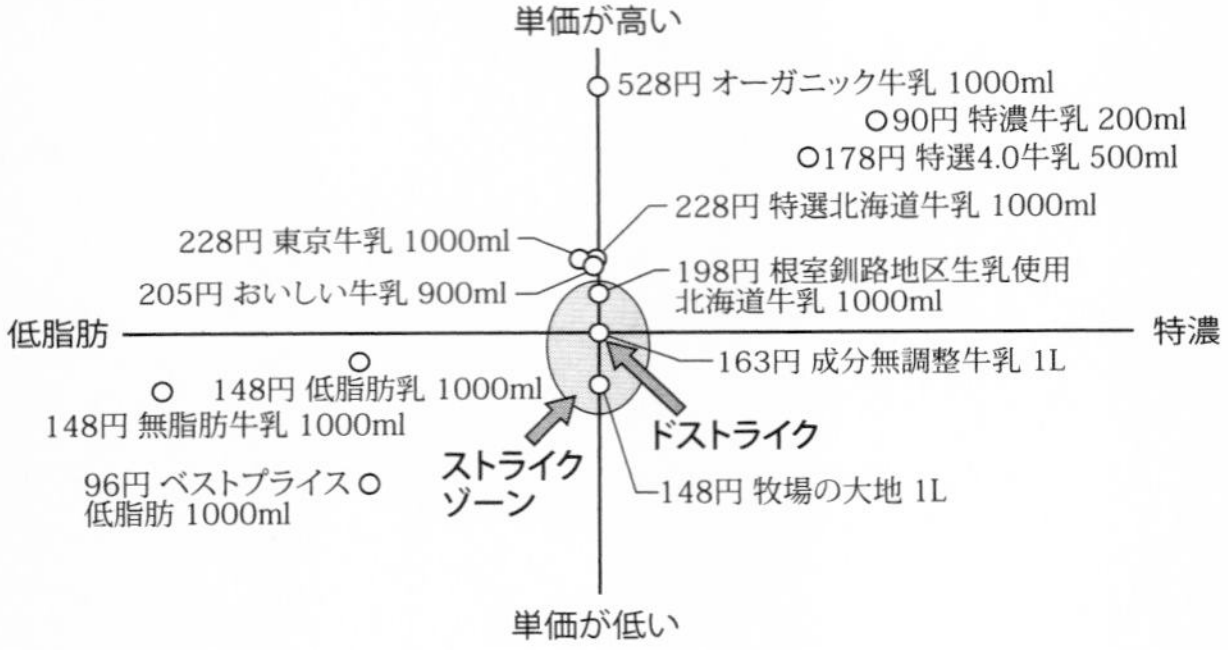


・うちも乳飲料か低脂肪乳か特濃のどれか買ってくる。わざとか？　っていうくらいごく一般的な牛乳買ってこないｗ

・成分無調整だよ！　成分無調整！　って頭に叩き込んだら間違えなくなったｗ

・牛乳ではなく特濃牛乳を買ってきた。本人は気を利かせて、少し高価な濃い牛乳を買ってきたつもりだったそうです。

・いっこいっこ全部指定せな分からんのか…めんどい。

毎朝ヨーグルト、パン、牛乳、ウインナー食べてるよね？　その辺の想像欠如に驚く。

・「家にあるのと同じもの」「いつも使ってるやつ」って言ってるのに！

どんだけ普段食材とか調味料見ずに食べてるのか

## と思うと腹立ってくる

もめ事の一つは「我が家の定番を理解せずに、無意識に食べている（あるいは使っている）」ことが、買い物でバレてしまうことにある。これが普段、あれこれ考えて買ってきているのに、「どんだけ普段食材とか調味料見ずに食べてるのか」という怒りにつながるのだ。

ご自身が主夫として家事を担っている、京都在住の家事ジャーナリストの山田亮さんは、我が家のスタンダードは、買い物を主に担っている人が強く意識しているだけで、他の家族はほとんど気にしていないと見る。男か女かの問題は、もちろんない。主体的に買い物をしているかどうかの問題だ。山田家では買い物を主にするのは、亮さん自身だ。ご家族は、山田さんが選んだものを黙って使っている。買い物をする側は、「黙って使っている＝その商品を承認している」だと考える。もちろん、商品名なども頭に入っているものだと思い込んでいる。

しかし、実際には、パートナーやお子さんは、彼が日頃どんな商品をどういう基準で選んでいるかにほとんど関心を払っていないと亮さんは言う。「トイレットペーパーでも、妻は、自分がかわいいと思うものを買ってくる。そこに、僕が普段何を買ってきているか、それにあわせようなんていう発想はない」。

山田家の他のメンバーが、亮さんの買ってきたものを黙って使っているからといって、その商品を理解し、承認しているとは言えないのだ。もう少し言うと、「我が家の定番」を理解しているのは、実は、山田家では自分だけだと亮さんは明かす。「このあたりの情報共有が不十分な家庭は多い」と亮さんは指摘する。

ということは、普段買い物をしている妻以外のメンバーが「我が家の定番」を十分認識していないという事態は、それほど珍しいことではない。しかし、絶対の正解をクリアすることを求める妻には、それが家事への意識の欠如、関心の低さ、ひいては自分の日頃の家事への評価の低さに見えてしまう可能性がある。したがって、もめないためには、写真などで確認し、彼女の日頃の買い物行動を尊重する姿勢を見せることが重要だ。

牛乳の場合、もう一つ鬼門がある。値段や数量の振れ幅が非常に大きい。そのため、妻にとっての値頃感をつかんでおくのは重要だ。低温殺菌の牛乳や特定産地のものなど、かなり値の張るものもある。買い物のメモなどを渡されて、指定されたものを買ってくる場合は、値段の目安を書いてもらうと、次のようなことは起こらない。

・牛乳頼んだら、高級牛乳買ってきた。
安いやつねって念押したのに、なんでそんなクソ高いの買ってくるんだよ！「こっちの方がいいと思って」じゃないわ……

・シチュー作るのに牛乳買い忘れたから帰りに買ってきてとメールしたら一〇本ぐらい買ってきて空いた口が塞がらなかった

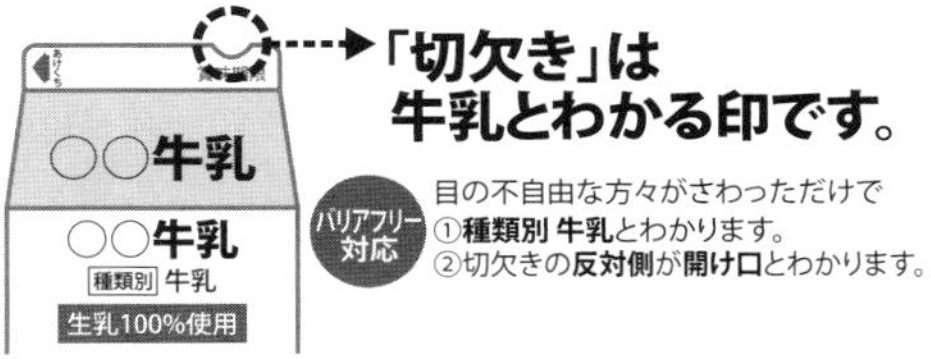
「切欠き」は牛乳とわかる印です。
○○牛乳
○○牛乳
種類別 牛乳
生乳100%使用
バリアフリー対応
目の不自由な方々がさわっただけで
①種類別 牛乳とわかります。
②切欠きの反対側が開け口とわかります。
図3　牛乳パックの切欠き

仕事の場合のコスト計算と同様に、買い物の場合も、単価当たりの価格と総額のバランスは欠かせない。

余談だが、よく牛乳と間違えてもめ事の種になる濃厚ミルクや低脂肪乳は、乳飲料や加工乳と呼ばれ、牛乳とは区別されている。牛乳というのは、しぼった牛の乳を加熱殺菌したもののことで、水や添加物を入れることは禁じられている。そして、この牛乳は、目の不自由な人でもすぐにわかるように、五〇〇mℓ以上の紙パックには切欠きと呼ばれるくぼみがついている。紙パックの上部に切り込みがあることを目印にすれば、間違いなく牛乳を手にすることはできる[*2]（図3）。

### (3) ステーキ肉

単価当たりの価格と総額のバランス感覚が問われるのが肉類だ。

・私の言い方悪すぎたけどお肉は安いのなら好きなの買ってきていいよーっておつかい頼んだら一枚一〇〇〇円が三〇〇円値引きされた七〇〇円のステーキ買ってきて発狂した

・「安かったから！」と買ってきたやつが、いつも買ってるやつより内容量が少ない。

・半額だったからと国産霜降りステーキ肉四枚を勝手に買ってきた。半額でも一枚一八〇〇円×四＋消費税で約八〇〇〇円一週間分の食費だよ…。

などはその例だろう。値頃感と必要量のベクトルは重要だ。

こちらも、同じくイオンのネットスーパーの品揃えを参考に作ったマトリックスは次の通り（図4）。例えば、一〇〇g四〇〇円程度の牛肉を二〇〇gくらいが彼女のドストライクだったとする。となると、同量で単価が一二〇円安いアメリカ産がストライクゾーンに入ってくるかどうか、微妙なところだ。

もし、もともとの想定がアメリカ産の一〇〇g三〇〇円という価格帯だとすると、一〇〇円アップのタスマニアビーフはストライクゾーンから外れる可能性が高い。ストライク

図4　牛肉のマトリックス

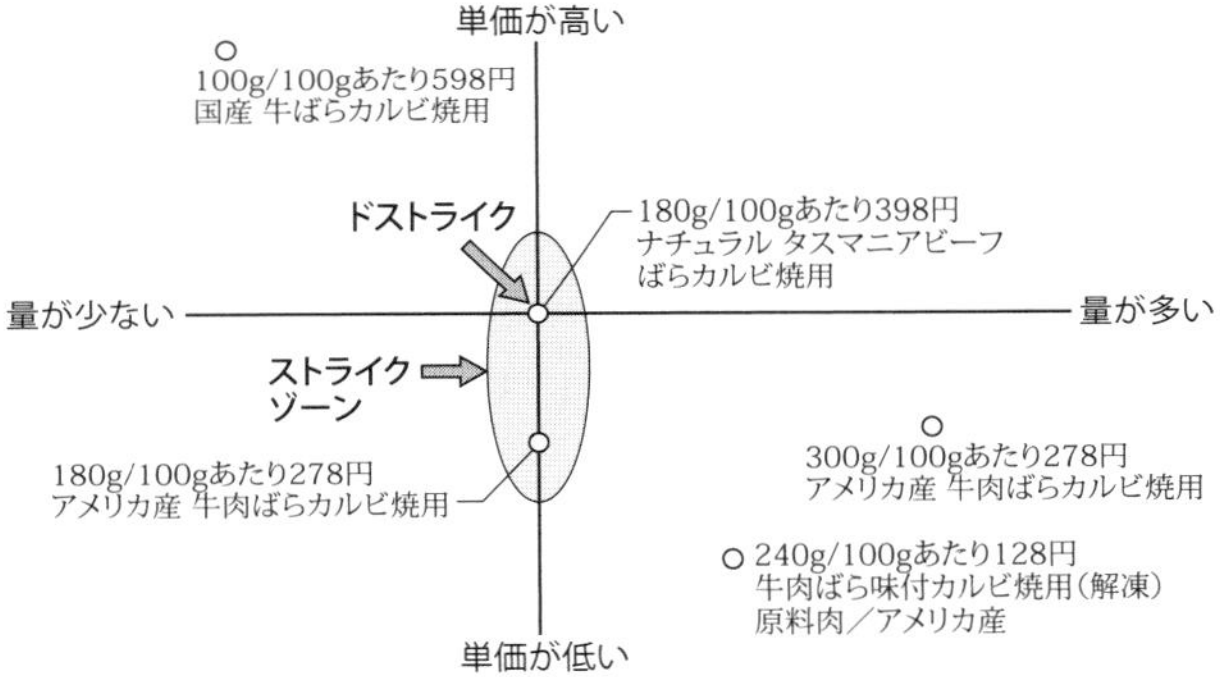


ゾーンは、多少、低い方へはスライドしても、高い方へはスライドしにくい。

こうして見ていくと、想定単価を把握しておくことは、買い物に行く上で非常に重要であることがわかる。想定単価四〇〇円の場合、五九八円は圏外だろう。

一方で、「安かったから」の大量買いも、必ずしも歓迎されるとは限らない。特に自分が料理をしない場合は、買っていった後、それを調理し、無駄なく使い切らなければならないというプレッシャーが、多少なりとも彼女にかかるからだ。

## 40 全てご判断を仰ぐべきか?

このように見ていくと、買い物も、他の家事同様、慣れが大きくものを言う。二〇二〇年に新型コロナで緊急事態宣言が出された当初、スーパーへの家族当たりの入店人数が制限され、店の中でスマホ片手に買い物をする男性客の姿が増えた。妻に電話で指示されながら商品を選ぶ男性陣。商品をとりあげ、商品表示を電話に向かって読み上げる。次いで、価格を伝える。OKが出れば、それをレジカゴへ。

ところが、外出自粛が長引くうちに、徐々にスマホ片手の男性客は減ってきた。男性そのものの数が減ってきたというよりは、スマホで指示されながら買い物をする人が減ってきた。さすがに解除後も含め二ヶ月も三ヶ月も買い物をしていれば、妻に指示を飛ばされずとも、商品のある場所はわかるし、手際もよくなる。

しかし、それ以上に大事なのは、妻の頭の中の商品に慣れてくることだ。牛乳と言われたら成分無調整、卵と言われたら茶色の卵の六個パック、といった具合に、我が家の定番と、スーパーの中での置き場所が頭に入ってくると、買い物は確実に楽になる。

そのレベルに到達したと思えるまでは、残念ながら、全てご判断を仰ぎ、とにかくドストライクにたどり着くことを目標にした方がよい。実際のところ、ドストライクのものを買えなければ、買い物はかなりの確率で感謝されず、もめて終わる家事なのだ。簡単そうでいて、実はど真ん中が非常に難しいのが、お手伝いとしての買い物だ。

もめずに収めるには、日頃から買い物に付き合い、定番を自分にすり込んでいくのが一案だ。あるいは、LINEなどで確認をとる手もある。

うち（の夫）もいちいち「これ？」の確認来る
面倒だけど確実だから助かる

一方、意識して写真を送って頼んでいる妻もいる。

ムーニーマンのMって言ったのに
メリーズのL買ってきた
それ以来おつかいは店を指定して写真を必ず送る事にしている

もちろん、店員に直接確認する手もある。売り場が変わることもあるので、探し物は、時間をかけずにまず店員に聞いてみるのが確実だ。聞くと、売り場まで連れていってくれるので、間違えることがない。思ったものが見つからなかったり、もめそうなときは自腹を切ってしまうのも一案ではなかろうか。

そこまでする気はないとなれば、荷物持ちに徹してはどうだろう。R氏は、店内をうろうろ行ったり来たりする妻の買い物に付き合う根性はないので、買い物の間は、コーヒーを飲んで待ち、連絡をもらったら荷物持ちに出動すると割り切っている。待っている場所のないところへは、原則として付き合わないという徹底ぶりではあるが、「荷物を持ってほしい」と言われれば、極力一緒に出かける。何度か一緒に出かければ、どこなら時間を潰せるカフェがあるか、どの店だと妻の滞店時間が長いかといったことも、ある程度見当がつくようになるので、付き合うのもそれほど苦痛ではないそうだ。お互いが共存できる着地点に落ち着けば、結果がよそと同じでなくてもいいと思う、とはご本人の弁だ。

## 41 自分から積極的に買いに行くのも手

買い物がそんな面倒なものなら、とても対応できない。そう思う人は、自分の必要なものだけ自分で買ってくる手もあるのではないだろうか。積極的に、自分で買いに行くものを作ってしまうのだ。

例えば、コーヒーにこだわりがあるなら、コーヒーは仕事帰りに買ってくることにする。家のコーヒーの残量も時々チェックして、空になる前に買ってきておけば管理するものが一つ減る分、妻としても助かる。特に、他の家族が使わない、食べない、飲まないものは、こちらで引き受けるのは一案だ。

ただし、その場合は、ぜひ事前に引き受けるという意思表示とともに、お金の出所の明確化をしたい。○○円程度までなら家計費から。それより高くてもこだわったものがほしいときは自腹で、などぜひ共通の認識を持っておきたいものだ。どのくらいなら高いと感じ、どの程度なら家計費での許容範囲かは、同じ財布で暮らしていても、必ずしも一致しているとは限らない。

子どもと自分だけなら作らない「もう一品」を夫の晩酌用に作るという人は多い。夫にすれば、いつも出てくる晩酌用の一品だが、実は夫だけ特別扱いの一品であるケースは少なくない。

・夫がいるときは夕飯ちゃんとしなきゃ、品数用意しなきゃというプレッシャーにやられる
・夕飯品数少ないのは……夫さんが夕飯いらないよーといったから～楽ちん～

食卓で、他の家族にはない一品が自分にだけ出てくる場合は、妻が自分を特別扱いしてくれていることを意識して、「一品を自分で買ってくるから心配しなくていいよ」と言ってみる手もあるだろう。妻を作り手から解放し、「これ、おいしそうだけどどう？」と写真でも送って妻の意向を聞き、「おいしそう」と言ったら、「二人で分けられるように買っ

てきた」となれば、感謝される買い物のよい例ではなかろうか。

実際、二〇二〇年の新型コロナによる外出自粛期間中には、ネットで「夫の分の量と品数が負担」「夕飯の残り物と納豆ご飯の昼食に戻りたい」といった声が散見され、アンケートなどでも食事作りを負担に感じている女性が増えているという結果が、あちこちで見られた。

となれば、その一品を自分で好きなものを買ってくることで、「もう一品作らなければ」というプレッシャーと一手間から妻を解放する手もある。妻が食事を作る（あるいは作っている）のに買ってくる夫は不評な一方で、23okasanのように体調が悪いときに、

夕食作る元気がでないーーって呟きながらエプロンつけたら「マックのポテト買ってきていい?!　ついでにおかずも買ってくるよー」と言い放ち、あっという間に娘二人連れて出ていった夫を、私は一生大事にしようと思いました。

と、感謝されているケースもある。小さい子がいて家事が進まない妻を見て、
夫がじゃあ食後のデザート用に何か買ってくるよって息子と出掛けてった。私は兜も

しまえて掃除機もかけられておかずをもう一品作れた。

というなーなさん（@loveaki_sota）さんも、「何というｗｉｎ－ｗｉｎ」とパートナーに感謝している。

買ってくることをｗｉｎ－ｗｉｎにするために重要なのは、買う前に、こちらに買い物の意志があることやどんなものを買うつもりなのかを相手に伝えることだ。特に、帰宅前に何かを買う場合は、買う前の一報は欠かせない。勝手に買ってくると、

一応毎日夕飯を作って夫の帰宅を待ってるのですが、帰宅するといつもスーパーの惣菜を手に持ってます 私の作るご飯がやっぱり気に食わんのか？不満でもあるんか？量が足りんのか？ 何か問題あるんなら言ってほしいんだけど。何も言わず惣菜買ってくるなんて嫌がらせかと思ってしまう（Ｓａｒａｈさん @sarah11111n）

と、ネガティブな反応につながっていきかねない。ちなみに、このツイートは「「栄養のあるものを……バランスの取れたおかずを……彩りを……」とか考えながら夕飯作っているのがアホらしくなってきました」と続く。度重なるとこちらの努力を踏みにじられたと

いう被害者意識にもつながり、家事への意欲が低下する。彼女の声に「そういうのもきちんとメモ書きしとけば、離婚の原因として成立するよ！」という書き込みもあった。

職場でも、気の利く同僚はいる。こちらが得意先に顔を出さなければと思っていると、先回りして顔を出す。先方に行ったところで「さっき××君が来たから、話をしておいたよ」と言われたら、あるいは、入ろうと開けたドアロで同僚と鉢合わせしたら、どんな気持ちがするだろう。それが、「近所まで来たんですけど、顔を出しておきましょうか？」と事前に連絡があっての訪問なら、こちらも助かる。「何というwin-win」という気持ちになるかもしれない。

しかし、何も知らずに先方に行ってそれがわかったら、「何も言わず黙って俺の担当のところに行くなんて嫌がらせかと思ってしまう」のではなかろうか。まして、それが続けば、同僚を嫌だとも思うだろうし、気の弱い人なら、会社を辞めたいと思うかもしれない。そう考えていくと、買い物をする場合は、まずは、相手がすでに食事の準備を始めているかもしれないことを想定して、一報したい。相手の責任感や意向を尊重することは、職場でも夫婦間でも重要だ。

# 第六章　なぜ妻には話が通じないのか？

ことをスムーズに運ぶ上で最も重要なのは、コミュニケーションであることは、仕事でも家庭でもかわりはない。日々の言葉のやりとりの積み重ねが、お互いの関係性を作り上げていくからだ。

## 以心伝心は幻想

少し古い調査だが、二〇〇六年に第一生命経済研究所が実施した「夫婦関係に関するアンケート調査」[*1]で、三〇～六〇代の既婚男女八〇〇名を対象に、そんな質問をしている「配偶者は、自分の思いを言わなくても理解してくれていると思うか?」(図1)。確かに世間には、夫婦は以心伝心などという言葉もある。言わなくてもわかってくれる妻を持つことが幸せだという考えもあるだろう。以心伝心は夫婦円満の象徴のように捉えられている節もある。そんな前提の感じられる問いかけだ。

これに対して、八割近い男性が、「配偶者は言わなくても自分の思いを理解していると思う・どちらかといえばそう思う」と答えた。一方で、配偶者に対して「言わなくても自分の思いを理解していると思う(含む:どちらかといえばそう思う)」と感じている女性は、約半数(五一・九%)に留まった。五〇代の場合、男性の八二・九%は理解されている、どちらかといえば理解されていると思っているのに、女性は五〇・五%と実にその差は三

**図１　配偶者は、自分の思いを言わなくても理解してくれていると思うか？（性別、性・年代別）**

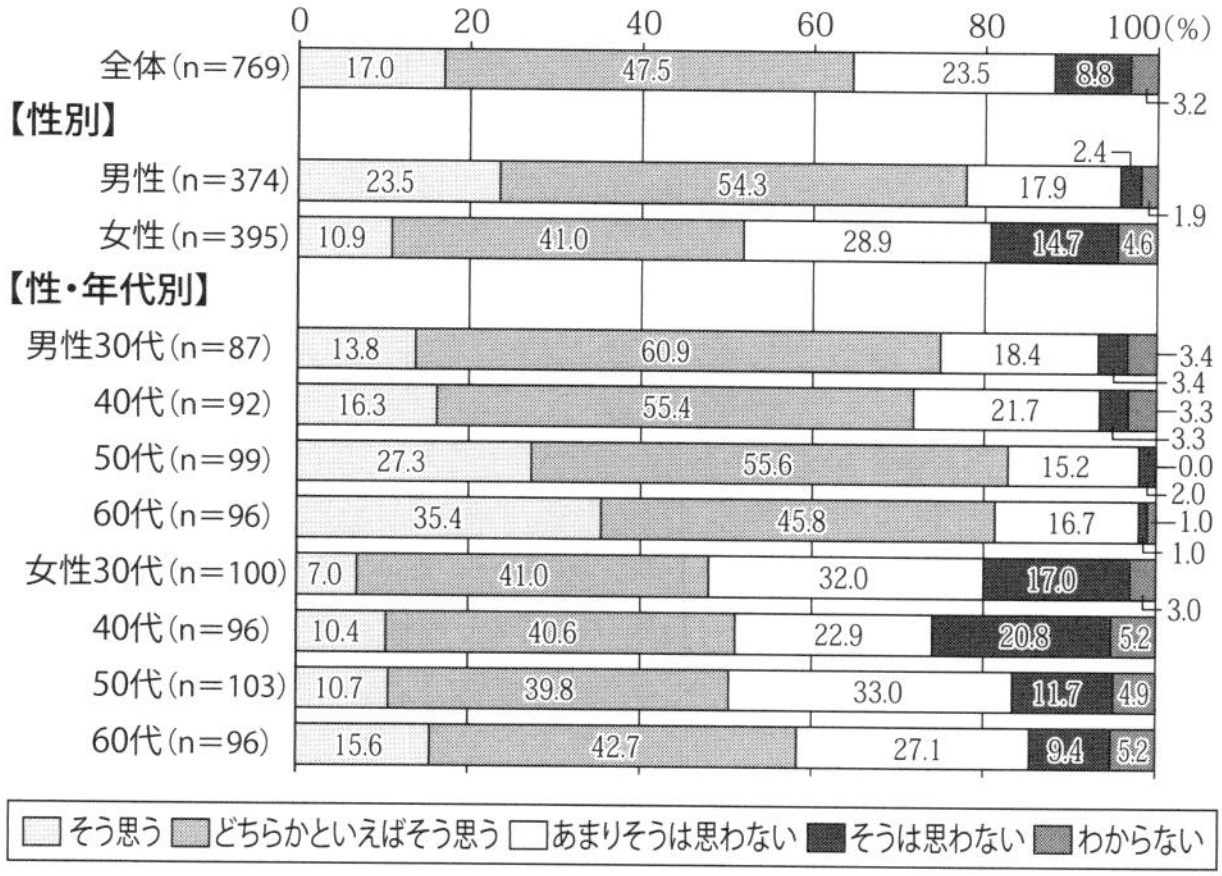


二・四ポイントにもなる。

六〇代の男性では、「配偶者は言わなくても自分の思いを理解していると思う」と答えた人が三五・四%だが、女性の側は一五・六%とこれまた二〇ポイント近い認識のずれがある。グラフを見る限り、「妻は何も言わなくても自分を理解している」と信じている男性は年齢とともに増える傾向にある。しかし、一方の妻側の「わかってもらえている感」は夫ほど伸びない。

この違いは何だろう。同じ調査の中に、このずれの理由を暗示する質問が含まれていた。「配偶者に対して不満はあるか？」という質問だ。男性の四六%は「あまり不満がない」。全く不満のない人

図２　配偶者に対して不満はあるか？（性別、性・年代別、働き方別）

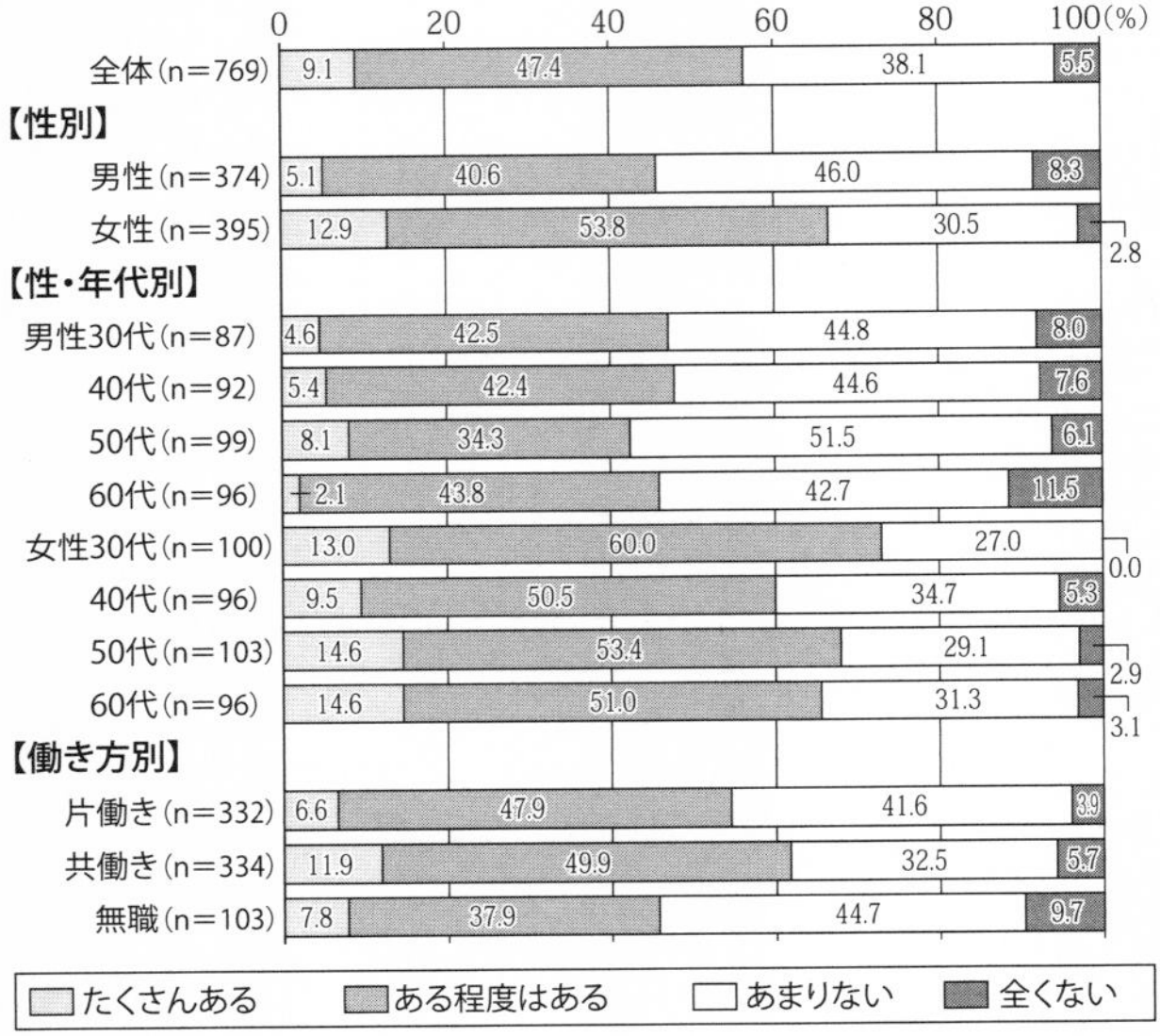


（八・三％）とあわせると、半数以上の夫は妻にほとんど不満を感じていないことになる。これに対して、妻の五三・八％は夫に「ある程度」の不満を抱えている。それどころか、「たくさん」不満がある人も約一三％と一割を超える（図2）。

ちなみに、三〇代で自分の思いを理解してくれていると思っている夫の割合は七四・七％。これに対して妻は四八・〇％だ。その差は二六・七ポイントになる。一方で同じく三〇代で妻に不満がある夫は四七・一％、妻は七三・〇％。理解されていないと思っている妻の方が不満を持つ人は多い。その差は二五・九ポイント。これが四〇代になると、理解されていると考えている妻は五一・〇％と多少回復し、夫の理解されている感が下がる。結果、理解されている感のギャップは二〇・七ポイントまで下がり、それをなぞるように、妻と夫の不満のギャップも一二・二ポイントへと下がる。これが、五〇代で、男性の理解されている感は八二・九％へと大幅に上昇し、妻への不満はそれと同時に四二・四％まで下がる。その一方で、妻の理解されている感は五〇・五％へ後退し、不満も増え、当然のことながら、不満ギャップは三〇代のレベルまで戻る。この理解されている感のギャップと、妻と夫の不満のギャップを並べて見ると、連動しているように見える（図3）。

**図3　理解度と不満度のギャップの比較**

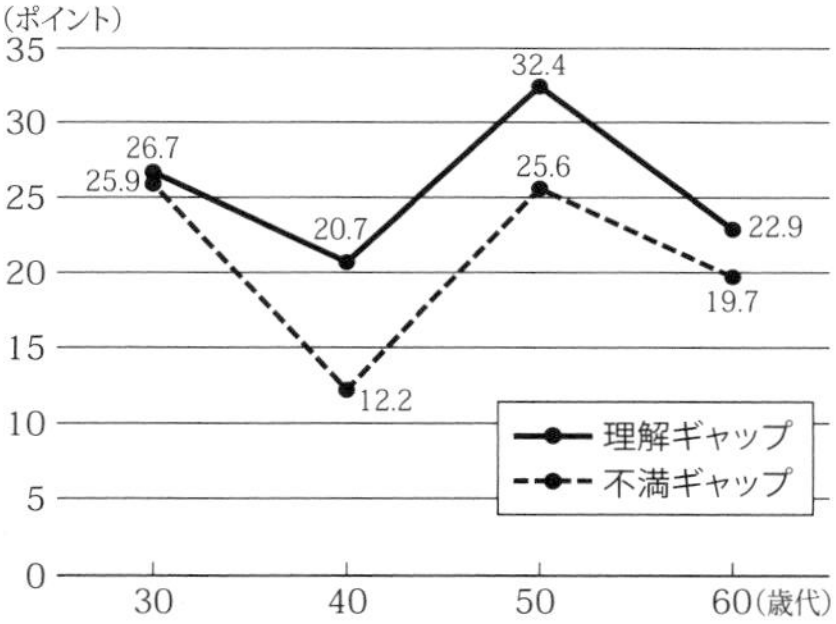


　国内の既婚者一〇〇〇人を対象にした夫婦の会話量に関する二〇一九年の江崎グリコの調査[*2]では、会話量に満足している人の方が、総合的な配偶者への満足度が高いという。夫婦の会話時間は結婚五年未満の夫婦では八三・九分なのに対し、結婚五年以上では五四・

五分と大きくダウンする。となると、結婚後二〇年ほども経った五〇代の男性達が妻に理解されていると考えているのは、会話が少ないがために、実は理解されていなくても気づかなかったり、妻は理解されず、夫に不満を持っているという認識に至らないのかもしれない。

もちろん、これだけのデータでは断言はできない。しかし、以心伝心を撤回して、話をすることで、妻の不満度は下がる可能性があり、行き違いを防ぐことはできるのではなかろうか。

パニック障害などの治療を行う赤坂クリニックの吉田栄治元院長は、以心伝心に懐疑的だ。そして、「自分のことをわかってくれる」という思い込みが、コミュニケーションの阻害要因になるという。「親子であるとか、夫婦であるとか、恋人同士であるとか、親密な関係になると、この以心伝心を期待してしまうんですね。家族なら、恋人なら、こちらの気持ちを察してくれるのが当たり前！　と思うから、察してくれないと腹が立ってしまう」と警告する。[*3]

実際、家事にまつわる話の聞き取りをしていると、例えば「牛乳」といって連想するものが夫婦で違ったり、「ゴミ捨て」で想定する作業の中身が夫婦でずれていたりといったことは珍しくない。日常茶飯事だと言ってもよいかもしれない。そういう意味では、一緒に住んでいることが、必ずしも共通の認識を育てることにつながらないと考えた方がよいのではないだろうか。お互い、そんなことはわかっていると思うことを、一度口に出して確認してみると、「え？　そうだったの？」ということは、案外多いに違いない。

日常の夫婦のやりとりでは、気持ちの行き違いがあってもいちいち口に出さない。出さないうちに、行き違いが日常化してしまったり、行き違いのずれ幅が大きくなってしまったりする。その底にあるのが、「言わなくても察してくれているはず」なのではないだろうか。

そう考えると、以心伝心などというのは幻想だと思い定めて、コミュニケーションに徹した方が、よほどことはスムーズに運ぶ。ぜひ、お互いの認識のずれを楽しむつもりで、わかっているはずのことも、一つひとつ口に出して、確認をしてみてほしい。

家事はそのための格好の道具だ。日々の暮らしの中で、家事をどう進めるのか、何にこだわっているのか、どうしてそのやり方がいいのか……家事まわりの話のネタは尽きない。まずは、家事の後輩として、先輩の家事テクを盗むべく、あれこれ話を聞き出してほしい。妻は、喜んで話してくれるに違いない。

そんな、コミュニケーションのきっかけにうってつけの家事だが、思わぬことで険悪になってしまうこともある。特に気をつけたいのが、気づかずに発信してしまう不用意な言葉だ。そんなつもりはなかった、なんでそんなに怒るんだ、という、行き違いの多くは、何気ない言葉を相手がネガティブに受け取ってしまうがために起こる。ここでは、そんな妻がキレる地雷発言について考えてみたい。

## 43 なぜ妻は「あとで」「ちょっと待って」にキレるのか

「妻に家事を頼まれたときに、「あとでやる」とか「ちょっと待って」って言うと、妻はキレだすんですよ。僕は、やらないとは言っていません。あとでちゃんとやるからちょっと待ってと言っているのに、どうして妻はキレるんでしょう？　キレる妻にどう対処したらいいですか？」

以前、夫婦参加型の家事シェア講座のフリートークで、三〇代と思しき男性からこんな質問が出た。「ある、ある」という共感が男性陣側から伝わってくる。一方で、思わず、「何言っているのよ」と言わんばかりのムッとした顔になる女性陣。それぞれの言い分がヒシヒシと伝わってくる、一瞬、部屋に緊張を走らせた質問だった。

確かに彼は「やらないとは言っていない」。いや、「やる」と言っている。だから、「少し待てよ」という気持ちはわからなくはない。しかし、彼の言う「あとで」や「ちょっと待って」の「ちょっと」というのは、一体どれくらいなのだろうか。五分後なのか、三〇分後なのか。あるいは「風呂に入って、夕飯を食べて、TVを観た後」なのか。それが「あとで」や「ちょっと」という言葉からは伝わってこない。実はそこに大きな問題がある。

これが、仕事の現場でのやりとりだったら、どうだろうか。自分が仕事を頼む側だったとしよう。

「得意先に電話をかけてアポイントメントをとっておいてほしい」と頼んだら、後輩が「あとでやります」と答えたとする。頼んだ側はどう思うだろうか？「すぐにやってくれそうだ」と感じるだろうか？むしろ、「そのあとっていうの、いつだよ」とは思わないだろうか？

それが、スマホを見ながら、顔も上げずに「ちょっと待ってください」と言われた日には、「お前やる気あるの？」とさえ思うのではないか。もしかしたら、「じゃあ、いい。こっちでやるから」と引き取ってしまった方が早いかもしれない、という思いが頭をかすめることもあるだろう。

いずれにせよ、「あとで」という言葉には、「すぐにやってくれるだろう」「ちゃんとやってくれそうだ」とは思えない、「やります」を先送りしているだけという印象が拭えない。ましてや、「あとで」と言いながら、目の前で後輩が延々とスマホをいじり続けたら……「いつになったらやるんだよ」とイライラする自分の姿も、想像に難くない。

では、一体後輩がどう答えれば、「やってくれそうだ」と思えるだろう。「電話一本かけたらやります」「○○が終わってからでもいいですか？」「今から出なくちゃいけないので、明日でも間に合いますか？」といった返事だったらどうだろう。相手の状況と、明確なお尻が見える返答があれば、頼んだ側は納得する。たとえ、それが「今すぐやります」ではなく、もしかしたら、今日はできない、という返事であったとしても。

夫婦の会話でも、状況は同じだ。頼んだ側の妻は、夫のいつだかはっきりしない「あとでやる」に、「私がやった方が早いかもしれない」という思いを抱く。そしてやる気のなさを感じ取る。だとすれば、妻への答えも先送り感満載の「あとで」や「ちょっと待って」を封印して、なるべく具体的な方がよい。

「このニュースが終わったらやるよ」「着替えたらやるから、ちょっと待って」などと、具体的な時間の枠を提示するのだ。

そうすることで、妻としては、自分でやってしまった方が早いのか、あてにしてもよいのかの判断がつく。実は、これが非常に重要なのだ。彼女は、他の家事との兼ね合いで、今これを夫がやってくれなければ、自分でやってしまった方が早い、と考えている可能性が高い。

・やってくれればとてもありがたい。
・でもやってくれないなら、私がやる。
・一番迷惑なのは、だらだら先延ばしにされて、結局私があとでやらなければならなくなること。

彼女の頭の中ではこの三択がぐるぐる回っている。

「この番組が終わったらやるよ」と答えて、番組が終わるまで一時間も待てないと判断すれば、「じゃあ、私がやるよ」と彼女は言うかもしれない。そう答えるのは、頼んだことが喫緊の課題だからだ。そこで、「終わったらやるって言っているじゃないか」と言っても話にならない。それは「午前中に電話をしておきたい」と思って頼んだのに、「昼飯後にかけますね」と後輩に返されて、「じゃあ、自分でかけるわ」というのと同じだ。そのときに、「昼飯後にかけるって言ってるじゃないですか」と声を荒げる後輩は……少なくとも電話をかけてほしいと依頼した先輩から見ると、アテにできない後輩だろう。

仕事仲間の共働きの女性編集者は語る。「夫に頼んだご飯の後片付けは、待てて一時間。彼の「ちょっと」がいつまでなのかがわからないと、一日終わって疲れているときは特に待つ気にもなれない。まして、「今やろうと思っていた」なんて言われると、「絶対思ってないでしょ」っていう気持ちになる」。

こうしたコミュニケーションにおける配慮は、仕事の現場だけでなく、夫婦間でも必要だ。曖昧な表現を意識して避けることで回避できるもめ事は案外多いはずだ。

## 44 なぜ「ピラフがいい」がよくて「ピラフでいい」ではダメなのか

以下はTwitterで育児の話をしているtomeさんのツイートだ。

そして本日の夫。
私「ピラフと白いご飯どっちがいい？」
夫「どっちでもいいよ」
私イラッ「どっちでもいいじゃなくて選んでよ」
夫「じゃあピラフでいいよ」

出ました――――――！
ピラフ「で」
食わんでよろし！

ｔｏｍｅさんのどちらがいいかという問いかけに、「ピラフがいい」と答えればことは穏やかに終わったはずだ。夫の答えに、妻は「ピラフを食べたい」という夫の前向きな気持ちを感じて、気分良く調理に取りかかっただろう。ところが、これを「ピラフでいい」と言ってしまうと、事態が一転する。

発言している側は、さしたる悪意もなく、軽い気持ちで言っているに違いない。しかし、「が」と「で」の違いは天国と地獄ほど大きい。というのも、「でいい」という言葉の裏に、「簡単なものを選んであげてるでしょ」「妥協してあげたよ」というネガティブなニュアンスを感じる姿が非常に多いからだ。

思わず主婦が白目になってしまう日常の瞬間を「白目カルタ」としてインスタグラムで発信し続けている白目みさえさんは言う[*4]（図4）。

旦那よ。じっくり解説してさしあげるから耳の穴をかっぽじってよく聞きなさい。

・初心者っぽい＝簡単ではない

（例）野菜炒め、カレー、炒飯

手順こそ簡単ですが、これらは具が数種類必要で下準備が面倒。野菜は、洗う、皮むく、ええ感じの大きさに切る……をそれぞれしなければなりません。そして具材は子

図4　「でいい」はNG

どもや旦那の好みを考慮して選別する必要があります。火が通る時間もバラバラなので順番に気をつけたりあらかじめチンしたり……。面倒なのです。

夫の側は、相手に配慮して「ピラフでいいよ」と言う。しかし、言われる側は、「人に作ってもらうくせに、簡単なものを選んでやったと言わんばかりで失礼だ」と感じる。白目さんは言う。

作らない側が「でいい」と言えるようなメニューなどないのです。

二〇二〇年の二月に、ママスタコミュニティでも、似たような「でいい」メニューに関する書き込みが話題になった。きっかけは、正安さんの、

焼きそばでいいよって言われた。

は？　焼きそばでってなに？
野菜と肉切って炒めて洗ってって相当面倒なんですけど？

という投稿だった。似たような経験談として、

旦那が朝イチで釣り行くときに
簡単なお弁当でいいから作ってって言われてイラっとして。
茹で卵五個、殻付きで袋に入れて渡したわ。

という書き込みもある。夫側は、「妻が大変じゃないように」「妻の負担を減らそう」と思ってした発言なのだろう。それなのに、なんでこんなにもめるんだろうと思うかもしれない。が、これまた、職場の先輩後輩になぞらえてみると、こんなことになる。
後輩と昼食に出る。後輩は、ただ自分が後輩というポジションにいるという理由だけで、最初から、先輩におごってもらうつもりでついてくる。それだけでも、十分、「なんだかな」だと思っているところへ、一応気を使っている風に、「安いものでいいですよ」と言い出した。「ラーメンでいいですよ」でもいいかもしれない。先輩の負担にならないよう

にというアピールだ。

そもそも、なんで後輩だっていうだけで、お前はおごられる前提なんだよ、と先輩は考える。そこへ「安いものでいいですよ」と来たら、ふざけるな。だったら、自分で払って好きなものを食えばいいだろう。そう言いたくなりはしないか。

まったく同じロジックが妻の頭の中を駆け巡っている。

「なんで後輩だっていうだけで、お前はおごられる前提なんだよ」は、「なんで夫だっていうだけで、あなたは作ってもらう前提なの」であり、「安いものでいいですよ」は、「簡単なものでいいよ」なのだ。そして、「だったら、自分で払って好きなものを食えばいいだろう」と思った先輩同様、妻も、「だったら、自分で作って好きなものを食べればいいでしょ」となる。

実際、この書き込みに続く共感の声の多くは、「じゃあ、自分でやれば」で終わっている。

- わかるよ。「で」いいよって言われると腹立つんだよね。簡単なもの扱いするならお前が作れよってなるよね
- 「〇〇でいいよ」って何気にカチンと来るよね。

なら自分でやってみろってなる。

買い出しから下ごしらえ、調理、盛り付け、後片付けまで全部させればいい。

・焼きそばが食べたいのであれば、「焼きそばがいい」ってリクエストすればいい。作る人が提案したもの以外を作ってもらう立場のくせに、「焼きそばでいいよ」って返事がおかしいし

たかだか、「が」と「で」の違いで、そこまで目くじらをたてなくても、と言えばその通りだ。ささいなことではある。けれども、家事の呪いにかかり、毎日、夫と子どもの健康と家計を天秤にかけながら「きちんと」家の中をまわそうとしている妻達には、「でいい」という言葉は夫がマウントをとっているように響く。作ってもらっている立場で、本来ならば、感謝してくれていいはずの夫が、妥協してやるよ、我慢してやるよと言っているように聞こえるのが、「でいい」なのだ。日々、彼女の代わりに食事を作ろうという人は別だが、作るという労をとらない立場の場合は、「でいい」は封印しよう。

## 45 なぜ妻は「どうする？」にキレるのか

妻が具合が悪くて寝込んでいるときに、「夕飯どうする？」と聞いたら、妻がキレた。

これもよく耳にする話だ。名古屋を中心とするCBCラジオで人気のパーソナリティー北野誠さんも、この問題をとりあげた。[*5] 曰く、どうすると聞くのは、「夫からしたら、作ってくれって言うてるわけじゃないんですよ」。

北野さんの言葉を受けて、行動心理コンサルタントの鶴田豊和さんも、「夫は「何か買ってこようか？」というつもりで聞いてるだけ」だと説明する。それなのに、妻がキレ、もめるのは、「女性は察する力をすごく持っているために、夕食をどうするかと聞かれると、責められたり、ないがしろにされた気持ちになって、感情が爆発するから」というのが、鶴田さんの解釈だ。

実際、この手の話は女性側からもよく出る。妻が具合の悪いときに食事をどうするかと聞いてくる「冷たい夫」の言葉にカチンとくるという話だ。

「こんなときまで食事の準備をさせるの？」

「食事の心配より、ワタシの身体を心配してよ！」

そう言われたのは、「旦那という生き物。」というブログを発信している[*6]NOB（ノブ）さんだ。これに対してNOBさんは、「旦那に限らず、多くの男性は、他者から細かく指示を出されることを嫌います。仕事でもそれ以外でも、基本的には自分を信頼して任せてほしいと思っています」。だから、「妻が食事の準備をしている夫婦の場合、旦那は無意識に「食事のことは妻に全面的に任せている」と思っている」と説明する。

しかし、例えば、高熱を出して仕事を休んだときに、同僚や先輩から、

「明日の商談、どうする？」

と電話が来たらどうだろう。大変だね、と口では言いながらも、電話をかけてくる同僚に「全面的に任せてくれているんだな」と思えるだろうか。むしろ、「熱を出してこっちは休んでいるんだぞ」とムッとするのが人情ではなかろうか。もし、同じ電話が上司からかかってきたら、「こんなに具合悪くても働けって言うのか⁉」というのが最初の反応ではないだろうか。ましてや、「僕ぬきで話を進めて、後で結果をおしえていただければ……」といった冷静な返答など、期待されたくもないのではなかろうか。

もちろん、電話の向こうにいる相手は熱で苦しんでいる自分の姿を見ているわけではない。だから、こちらの具合がどれほど悪いかなんて、想像力が及ばないのかもしれない。

しかし、夫の場合は目の前に具合の悪い妻がいるのだ。それでなおかつ、「どうする？」などという質問をしたとすれば、それは、妻もムッとするだろう。キレられても仕方がない。責められたとかないがしろにされたという以前に、「ご飯が作れないくらい具合が悪い私に、判断を仰ぐな。あなたも大人なんだから、あなたが考えて、あなたが動いてちょうだい」という話だ。

このときに、鍵になるのは、質問をいかに具体的にするか、だ。商談の話で言えば、「どうする?」ではなく、「君が中心に進めてきた商談だから、とりあえず明日はキャンセルする。体調が戻ったら、仕切り直してくれ」あるいは、「とりあえず、延期でいいか?」と言われれば「はい」ですむ。熱があって頭が痛くてものが考えられないのだから、それで十分だ。

とりあえず、具合の悪い人に、選択肢のないまま丸投げして、一から対応を考えろと言わないことは、仕事でも、家庭でも、コミュニケーションの基本ではないかと思うのだが、どうだろう。どうも、男性陣からの「妻が体調の悪いときにキレる原因」の説明には、その根本的なところが抜け落ちているような気がする。まずは、相手の様子を把握しよう。彼女は具合が悪いのだ。彼女が考えたり、動いたりしなくてすむように、まずは、自分のできる選択肢を提案しよう。

「食べられないなら、子どもと二人で済ませてくるね。帰りに何か買ってこようか?」なら、答えは「うん。お願い」で済む。「うどん作ろうかと思うけど、食べられる?」と言われれば、「ありがとう」か「食べられないから、食べて」と答えればよい。ほとんど頭を使わずに、コミュニケーションが成立する、こういう聞き方が、相手の体調が悪いときは重要なのだ。選択肢はうどんでなくても、なんでもいい。大事なのは、彼女が頭も身体も休める状況を作ることなのだから。

余談だが、「具合が悪いからあっさりしたものを買ってきて」と頼んだら「カツ丼」「天丼」や「カレー」を買ってきたという話も、SNSではよく出てくる。私自身も、「胃の調子が悪いから軽いもの」と言ったらステーキが出てきて絶句した経験がある。男性と女性では「あっさりしたもの」や「軽いもの」で浮かぶメニューに差があることを、残念ながら、体調の悪いときに痛い目を見ながら学んでいる妻は多いに違いない。

妻側も一～二度これをやると「あっさりしたもの」や「軽いもの」では具体性が足りないと気がつくのだが、買いに行く側も、ドストライクのものを買ってくるには「カレーとかでいいかな？」など、思いつくものを具体的に聞いてみると参考になる。

以心伝心では、このあたりは大誤算になる可能性が大きい。夫婦間とはいえ、質問は具体的にするに限るのだ。

## 46 なぜ妻は「どっちでもいい」「なんでもいい」にキレるのか

妻の機嫌を損ねるもう一つの地雷ワードが「どっちでもいい」と「なんでもいい」だ。

特に、「なんでもいい」は、「夕飯何がいい？」という問いかけに対する、一番カチンとくる言葉として、しばしばSNSなどにも登場する。では、この「どっちでもいい」と「なんでもいい」は、一体何がそんなにまずいのだろう。

手持ちのいくつかのチョイスから、自分の今の気持ちや体調に近いものを選んでいく、あるいは、提示された選択肢に対するこちらの意向を伝えるというのは、日々の食事では欠かせない。昼食を食堂やレストランに食べに行って、「パンかご飯がつきますが」と言われて、「どっちでもいいです」と言う人はいない。「ラーメンに半ライスをつけますか?」と言われたら、「お願いします」と言うか「いりません」と答えるだろう。ここでも、「どっちでもいいです」とは言わない。なぜ言わないかといえば、その理由は至極簡単で、「どっちでもいいです」では、答えたことにならないからだ。選択肢が提示されたら、その選択肢の中から一つか二つ選んで答えることが求められる。

もちろん、日本には、「お任せ」という特異なシステムがある。英語のウィキペディアにも Omakase として登場する、この特異なオーダーシステムは、「全てをシェフに委ねる」注文方法として紹介されている。ミシュランガイドのオンラインの解説[*7]では、フードライターのジェイコブ・ディーンが「「洗練された客が、鮨のカウンターに座って、注文するときに言う言葉」で、本来品書きのなかった鮨屋では、鮮度や食べ方も全て料理人の手に委ねるお陰で旬の味を堪能できる一方、予想外の支出になることもあった」と説明している。

つまり、「お任せ」は、「金にも食材にも文句をつけないので、黙って座ったらそれなりのものを出してください」という、言ってみれば、お客に徹した態度だ。一切金に糸目をつけない旦那衆なら、こういう態度もありかもしれない。

しかし、こと家庭生活において、「お任せ」はいかがなものか。「オレは客だ」と言わんばかりの態度は、まずくはないだろうか？「夕飯？任せるよ」というのは、ある意味で、妻に「オレは客だ。黙って座ったらそれなりのものを出してくれ」と言っているようなものではないか。

残念なことに、実際には、こういう夫は多いと思われる。前出の「旦那という生き物。」の筆者NOBさんのいう「食事のことは妻に全面的に任せている」夫達だ。彼らは、ほぼ「お任せ」状態で毎日食事をしていると言える。夫がいるとつまみなど、品数が増えるという声や「お任せ」の夕飯の話を聞くと、日本の夫達は、家のお客さんなんだなぁと思う。

有職女性の九割近くは、毎日、少なくとも週四〜五日以上は夕飯を作っているというデータ（二〇二〇年一月に行われたソフトブレーン・フィールドのネット調査[*8]）からすると、少なからぬ夫達は、お任せの常連客状態なのだろう（図5）。

夕飯は朝食と違ってトーストとコーヒーという訳にはいかない。納豆ご飯でおしまいという訳にもいかない。三度の食事の中で、一番手のぬけないのが夕食だろう。それをほぼ

**図5　働く女性の夕飯を作る頻度**

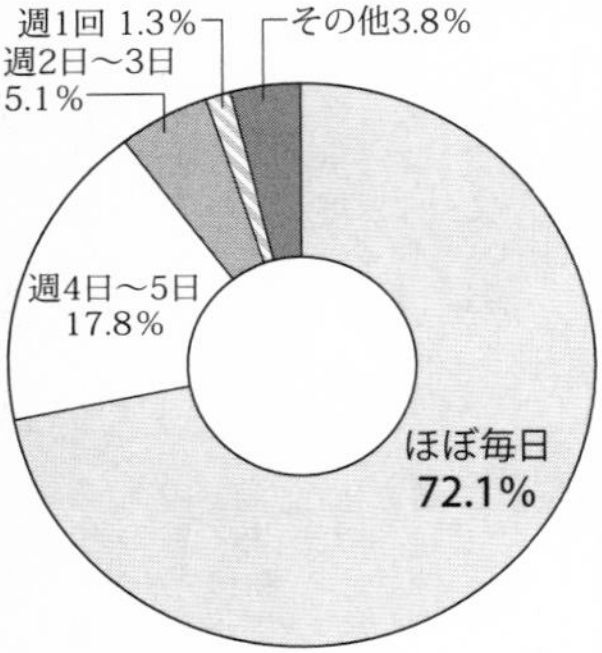


［単一回答］

- 調査対象：SBFにキャスト登録をしている全国のアンケートモニター（働く女性・主婦）
- 調査方法：自社アンケートサイトによるインターネットリサーチ
- 調査日時：2020年1月28日〜1月30日
- 調査人数：n=691名（平均48歳）

ソフトブレーン・フィールド（SBF）調べ

三六五日担っている女性達の負担感は大きい。夕食の支度の負担感を感じる人の多さは、お弁当の負担感をも凌駕する八七・三%。中でも負担を感じる人が多いのが、調理そのものとともに献立を考えることだ。「お任せ」が負担を倍増させているとは言えないだろうか（図6）[*9]。

とはいえ、多くの妻は、基本的には家族の「お任せ」を容認しつつ、手詰まりになった段階で、「夕飯何がいい？」「ピラフとスパゲッティはどっちがいい？」といった質問を投げかけている。つまり、それまで、お任せで丸投げの状態には目をつぶっているのだから、手詰まりになって聞いたときくらい、「食べる当事者」として、意志を表示してもよいのではないか、というのが妻側の言い分だ。

そこに「なんでもいい」「どっちでもいい」と言われると、投げた質問を「お前が考えろ」と、その

## 図6　夕飯作りに対する負担感

「平日の家族の食事の支度」について
「かなり負担を感じている＋やや負担を感じている」計　※各実施者ベース

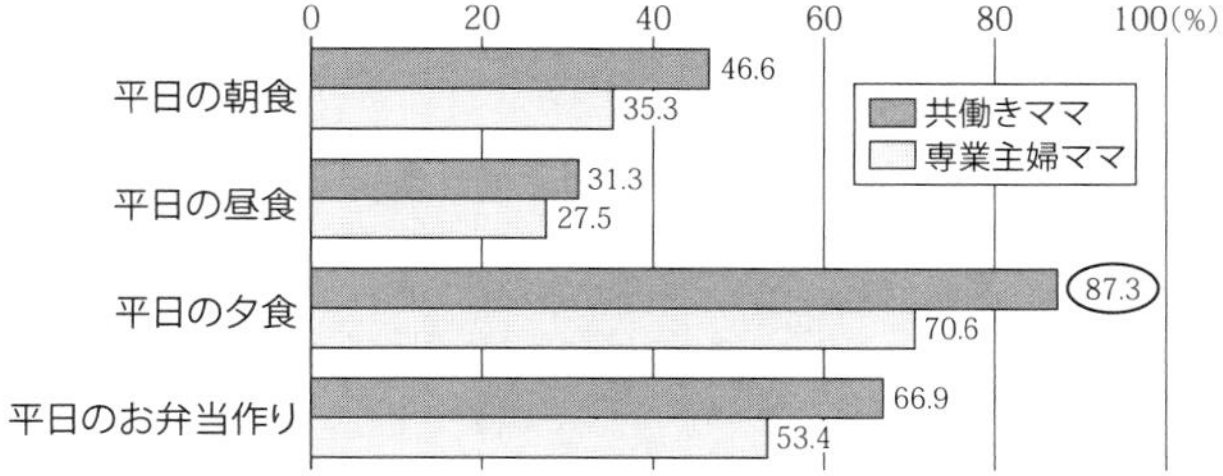


| | 平日の朝食実施者 n= | 平日の昼食実施者 n= | 平日の夕食実施者 n= | 平日のお弁当作り実施者 n= |
|---|---|---|---|---|
| 共働きママ | (461) | (268) | (489) | (284) |
| 専業主婦ママ | (464) | (455) | (489) | (313) |

「平日の家族の夕食の支度」について
どういったところに負担を感じているか　※負担を感じている人ベース

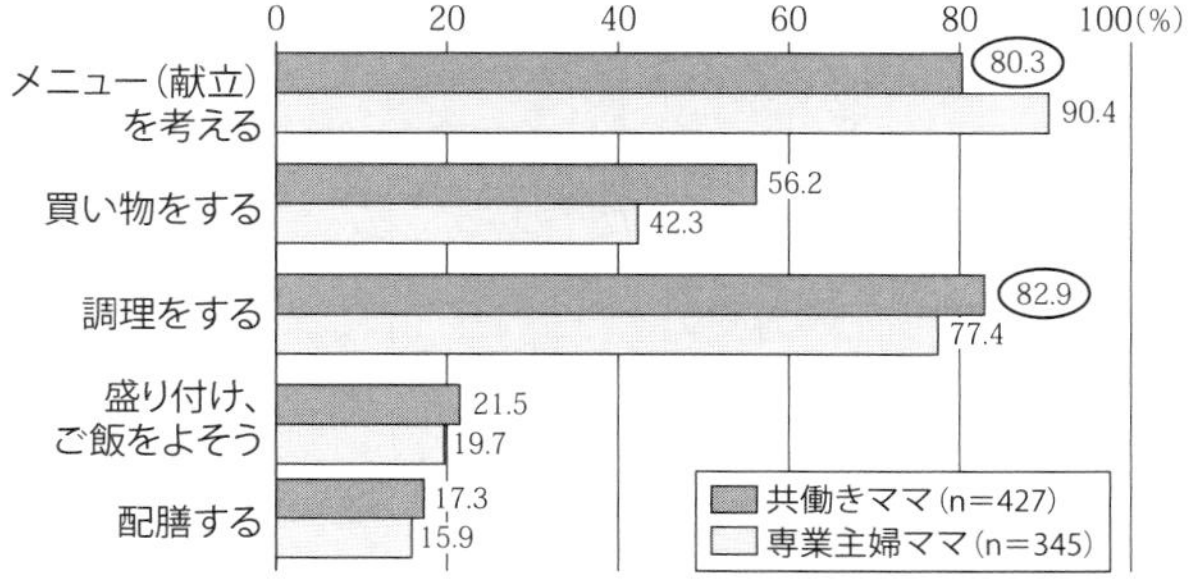

まま投げ返されたような気持ちになる。

恐らく、答える側に悪意はないだろう。「なんでも作りやすいものを」というつもりで「なんでもいい」ということもあるだろうし、「出されたものをなんでも食べるよ」という前向きな返答のつもりかもしれない。けれども、昼食をオーダーする食堂で、パンかライスか答えなければ、それ以上先に進まないように、「なんでもいい」「どっちでもいい」では答えたことにならないのは、残念ながら家庭でも同じだ。何がいいか、どちらがいいか、と尋ねられたら、それはSOSのサインだと思って、向き合ってほしい。

食べるものがすぐに浮かばなければ、「冷蔵庫には何があるの?」と材料を聞いてみる手もあるだろう。「挽肉と、ナスと、豆腐ともやし」と言われたら、それで作れる料理を答える。「ナス焼いて、醬油かけて食べたい。それと麻婆豆腐はどう?」あるいは「まずは冷や奴だな。ナスと挽肉はどうするのが一番簡単?」と聞き返す方法もあるだろう。冷や奴でも焼きナスでも、とりあえず一つ決まれば大きく前進だ。肝心なのは、丸投げしていると誤解されないやりとりをすることだ。

## 47 なぜ妻は「やってみたら?」という夫の提案にキレるのか

こと家事に関しては、夫より自分の方が経験値が上だと考えている妻が多い。職場で言えば、夫は遥かに経験の浅い、言ってみれば、「あたしから見ると、ものすごく経験不足の後輩」だ。その後輩から、「先輩、それは、今のやり方よりこうした方がうまくいくんじゃないですかね？」とか「〇〇の方がいいらしいですよ」とアドバイスされたらどうだろう。言い方にもよるが、多くの場合、「事情もわからないのに何言ってるのよ。余計なお世話！」という気持ちになるのではないだろうか。特にワンオペ意識が強いと、それは嫌みには聞こえても、正当なアドバイスに聞こえないこともある。たとえ、それが、彼女の仕事を楽にしようという善意からの提案であっても、だ。

日頃夫が関わっていない家事や育児に関する提案だと、現状のやり方を批判されているような気持ちになることも事実だ。三児の母の Nana.e さんは、最初の子の「離乳食は手作りしなくちゃ！　手作りじゃなきゃいけない！　時間をかけて、つぶして、裏ごしして……。誰に言われたわけでもないけれど、そう思い込んでいた」という。外出先で食事時になり、それまで食べさせたことのなかったベビーフードをあげたところ、喜んでパクパク食べ始めた。その様子を見たパートナーは、「いつも離乳食あげるときカリカリしてるけど、普段も市販のものを食べさせてもいいんじゃないの？　喜んで食べてるよ。ベビーフードの何が問題なの？　何にこだわってるの？」と言ったそうだ。そのとき、彼女は、自分の頑張りや考えを否定されたようで、すごく腹が立ったと言う。

その後、冷静になってから、考え直し、夫の言うことももっともだと、それ以降徐々にベビーフードを取り入れるようになったと、彼女は書いている。[*10] Nana.e さんの場合は、パートナーの提案が、結果的に育児を楽にし、呪いを解きほぐす方向のものだったために、最終的にはもめ事にならなかった。いや、むしろ、彼女は今となっては、彼の言葉に感謝をしているのだから、結果良ければ……というところではある。それでも、言われた当初は自分を否定されたと怒りを感じているわけだ。

もし、これが逆の方向の「離乳食は手作りの方がいいらしい」「もっといろいろ作ってあげれば？」といった、手をかけろ、手間＝愛情だといった提案だったらどうなるだろう。彼女は、現状の自分のやり方を否定されただけでなく、「自分はやりもしないくせに、手間をかけろと要求するとは」と、大いに怒り出す結果になりかねない。

フルタイムで働きながら二人のお子さんを育てているきみのみきさん（@kiminomiki2）が、スーパーのベビーフードのコーナーで見かけた、そんな若い夫婦のやりとりを漫画にしている（図7）。「(ベビーフードのコーナーで見かけた…」「（ベビーフードは）作った方が体にいいんじゃないのかな？」と提案する若いお父さん。お母さんは「全部レトルトにする訳じゃないし、あなたは作れないでしょ？」と言い返す。さらに、「私が風邪引いたらどうするつもりなの？　バカなの？」と付け加えた。このやりとりを見ていたきみのみきさんは、「私も一言申したい…作らない奴はせめて口を出すなと…」と結んでいる。[*11]

　職場でも、自分は手を下さないのにいろいろな提案をする人は、煙たがられる。「その案、言うのは簡単だけど、誰がやるんだよ」と言い返したくなるようなことを言い出す人は、残念ながらいるものだ。それが上司なら仕方がないかもしれない。が、同期や後輩だと「黙っていろ」と言いたくなることもある。状況は家庭でも変わらない。提案するときは、自分が中心になって動く覚悟が必要ではないだろうか。

　同じくネットで二〇一九年の年末に話題になったのが、夫がクリスマスプレゼントに最

お店でベビーフードを探していたら
これにしよ〜
〜・・〜
〜・・〜
そういうのって可哀相なんじゃないの？ジャンクフードと同じでしょ？
やめた方がいいんじゃない？作った方が体にいいんじゃないのかな？
全部レトルトにする訳じゃないし、あなたは作れないでしょ？
私が風邪引いたらどうするつもりなの？バカなの？
私も一言申したい…
作らない奴はせめて口を出すなと…
ないと困るよ？
でも…
そうだけどさ

図7　やらないなら口も出さない

図8　妻が実用的なものを喜ぶとは限らない

新オーブンレンジを買ってきた、という話だ。もともと、クリスマスにほしいものを聞かれたうさぎのみみちゃん（@usagitoseino）は、カシミアのストールがほしいと伝えていた。それが、同額のオーブンレンジに化けてしまったのだ（図8）。希望を聞いておいて、「違うものを買ってくるなんてひどい夫だ」という声とともに散見されたのが、「それを使って料理を作ってくれる人も追加で」つけてほしい、「「旦那さまがお料理を作ってくれる券一〇〇枚綴り」もほしいよね」、といった声だった。[*12]

最新のオーブンレンジが来たら、料理のレパートリーが増えるだろうとか、いろいろなものが楽に作れるようになって妻が喜ぶだろうというのは、料理をしない人の勘違いだ。それを押しつけると、せっかくの善意が裏目に出ることになりかねない。

新しい機械を使いこなせるまでにはそれなりに時間がかかる。トライ&エラーの時間も必要だ。それより何より、今の調理器具に満足していれば、そんなものは無用の長物になりかねない。家電や新しい道具なども、「喜ぶだろう」「これで家事が楽になるだろう」と思っても、本当に必要かどうかの確認は欠かせない。勝手な思い込みから出た提案やプレゼントは、期待するほどの効果はない。いや逆効果のことも少なくない。

全国亭主関白協会会長の天野周一さんは、夫婦間のコミュニケーションを円滑にするのは相槌三原則だという。[*13]「そうだね！わかるよ！その通り！」の三つを使いこなすことで、かなり悪化した夫婦関係も「下げ止まる」と天野さん。妻は、「ただつながっていたいだけなのです。この三つの言葉を駆使しながら妻の話を聞いていくようにすると、妻の心が落ち着いていくのがわかります」と言う。提案するときは、自分が率先して行動するつもりで。そうでないときは、とりあえず、相手の言うことにまずはうなずいてみてはどうだろう。

# 第七章　妻とうまくいく話し方

## 48 職場でのコミュニケーションスキルをフル活用

家事も仕事も、チームプレーで、何らかの目的で作業をし、作業を完了させるという意味では大差がない。積極的になるべきことも、気をつけることも、基本的には日頃仕事で実践していることをそのまま家庭に持ち込めばよい。具体的には、うまく同僚や得意先と付き合うための言葉遣いや心遣いといったところだろうか。

そして、常に頭の片隅においておきたいのは、自分はボスではないということだ。妻は部下でも、丁稚でも、女中でもない。あくまでも同僚だ。関係はあくまでも対等を意識して、コミュニケーションをしたい。

家事シェア開始当初は、経験値の高い妻が指導的立場に立ちがちだ。しかし、だからといって、顧客と営業の立ち位置にたって、顧客の満足を最優先する必要もなければ、妻の部下になる必要もない。同じ年数仕事をしていても、新しい部署に行けば、仕事に慣れるまでは、長く部署にいる同僚から教わることは多いだろう。立ち位置としては、そのあたりを目指したい。後から入ってきた同僚、これから経験値をあげて、独り立ちしていく同僚のスタンスだ。

その立ち位置で、どう妻に接すればいいかは、会社で同僚と一緒に仕事をするときの常識やルールが役に立つのではないだろうか。どんなことを特に意識すればよいかは、ビジネスコミュニケーションの本を斜め読みすれば、サクッと頭に入ってくる。

第三章でも紹介した新入社員向けの『ビジネスコミュニケーションスキルを磨く10のステップ』の目次には、なるほど、と思う項目が並ぶ。

- 時間や納期を守る
- 品質を守る
- コストを意識する
- コミュニケーションの基本としてのホウレンソウ
- 相手の話を聞くときのポイント

どれも読んでみると、社会人として仕事をする上で、無意識に実践していることばかりだろう。だが、不思議と家に帰ると、せっかく仕事で身につけた美徳がどこかへ行ってしまう。それでは、対等で気持ちのいい関係を維持しながら、家事をシェアしていくのは難しい。

仕事で展開しているポジティブ・コミュニケーションは、家庭でも積極的に展開するべきだ。そうすることで、コミュニケーションがよくなれば、円満な家事シェアだけでなく、明るい家庭生活、穏やかな老後にもつながっていくだろう。

## 49 先にありがとうと言ってみる

家事をやったときに、「ありがとうと言われるのはうれしい」「ありがとうと言われたい」という声を耳にする。以前、関西で家事男子座談会をやったときもそんな話が出た。

H：（家事をやったら）認められたいところはあります。まずは、「ありがとう」と言われたい。ほめられたいわけではないですけど、けなされるのはね。

K：それは人の本質ですよね。お皿洗ったのに、「米粒ついてたやんけ」って言われるのはね。ありがとうって言って黙ってついていたのを落としてくれた方がうまくいくじゃないですか。そういう意味での感謝を示すのは正しいと思います、怒るんじゃなくて。怒ったら、人間やる気を失う。

H：その上で、足りないところは言ってくれれば、次には反映できるようになるし、っていうところはあるかな。

K：感謝されたくてやっている訳じゃないけど、怒られたくてやってる訳じゃないから。

この話をすると、「たまにしか家事をしないのに、ありがとうを期待するなんて」と憤慨する女性は少なからずいる。「これだけ家事をしている私に、夫は「ありがとう」って言ったこともないのに。自分のことを棚に上げて、自分は言われたいなんて！」というわけだ。家事講座でそんな意見が出たときに、「いや、「やってやったんだからお礼を言われて当然だ」とは思っていないと思いますよ。褒められたいわけでもないでしょう。ただ、「やったことを認められたい」っていう話じゃないでしょうか」「別に、床に頭をつけてお礼を言えっていう話じゃなくて、「気がついたよ」っていうサインに「ありがとう」って言えばいいのでは？」と言うと、「なるほど」という話になる。

だが、日頃、「これだけ家事をやっているのに、全然感謝されない」と妻が感じていればいるほど、夫への「ありがとう」は出てきにくい。それだけ、彼女達は、「家事は（感謝されなくても）やらねばならないもの」「きちんと家事をしない女は半人前」だと思い込んで、黙々と家事をしているということだ。家事の呪いは、思いのほか根が深い。

そして、実際のところ、家事に従事する時間は圧倒的に女性の方が長いのも現状だ。前にも触れたが、五年に一回国立社会保障・人口問題研究所が実施している「全国家庭動向調査」の第六回（二〇一八年実施）でも、妻の平均家事時間は夫の約七倍という結果が出ている。妻達は家事に追われ、家族は妻のする家事に慣れてしまい、結果的に「女は感謝されなくて当たり前」の呪いにはまっていくという悪循環は続いている。

この状況を考えると、自分が認知されることよりも、まずは妻の家事を「やって当然」だと思わずに、認知してみるのはどうだろう。自分から妻に先手を打って「ありがとう」と声をかけてみるのだ。

もちろん、大仰に感謝の意を示す必要はない。ただ、家事をやってくれたことに気づいているよ、という程度の軽い「ありがとう」で十分だ。いや、その方がよい。大切なのは、あれこれ家族のことを考えながら無言で実行されている家事に「気づいているよ」と、伝えることだ。

これは、夫の場合であれば、髪を切りに行った後の家族の反応に似ていると思う。髪を切ったのに、夕飯のときに誰からも何も言われないと、「全然キレイになっていないのかな？」という気持ちになる。けれども一方で、「お父さん、なんかあったの？　その髪型新しいねぇ」などと大仰に言われると、逆に「似合わないのか？」「切りすぎたか？」などと不安になったりもする。「あ、髪切ってきたんだ」くらいの、軽い認知なら、こぎれいになったことは明らかだし、あまりにも斬新で明日仕事に行ったら何か言われるかもしれないといった不安に駆られることもない。

日常の家事に対する軽い認知と謝意の表明という意味で、まずは、こちらから、軽く

「ありがとう」と言ってみる。第五章で紹介した家事ジャーナリスト山田亮さんは、「おおきに」と言うようにしているという。関西では「ありがとう」より軽い感じ。ちょっとユーモラスな響きもあるので、軽くお礼を言うにはうってつけだ、とのこと。「サンキュー」でもいいし、「やってくれたんだ」、でもいい。

一方で、「ありがとう」と似たような言葉だが、避けたいのが「お疲れ」だ。これは妻達にすこぶる評判が悪い。夫に言われると、上から目線だと感じるからだろう。地雷ワードだという声もある。「認めてやってるよ」感が先に立ち、マウントをとられた気持ちになる言葉なのだ。家事をした後に「お疲れ」と言われると、自分は何もしないで、口だけで労をねぎらうポーズをしていると受け止められる可能性は高い。

多少言葉を選びつつ、君がやってくれているのに気がついているよ、（つまり、当たり前だとは思っていないよ）というポジティブな信号を発信しよう。そうこうするうち、彼女の方も「あ、ありがとう」と返してくれるようになることを期待しつつ。

## 50 作業はお尻を明確に

慣れるまでは、普段家事を担っているパートナーより時間がかかるのは当然のこと。とはいえ、納期というほど厳格なものではなくても、家事をするときには、およその時間の目処があるとスムーズだ。なかなか時間が読めないとはいえ、何時頃までに作業が終わればいいかなどの共通認識は、作業開始前に確認しておきたい。

普段、どれくらいの時間がかかるのかを、参考までに確認し、「慣れるまでは、その倍くらいかかるかな」「その一・五倍くらいかかるかもしれない」など、自分の中で目安をたて、それを伝えることも忘れずに。家の中を回すことに責任を感じている妻は、言ってみればプロジェクトマネージャー的な意識を持っている。仕事でも、プロジェクトマネージャーは全体の進行具合を俯瞰したいと思うだろう。それに協力的で、時間的目処や進捗をある程度の頻度で伝えてくれるメンバーは、よいチームメンバーとして認識される。一方で、全く時間の計画性がなかったり、知らん顔しているようなメンバーは、「使えないやつ」ということになってしまう。

基本的には、およその時間的枠組みがわかれば、多少予定より遅れているからといって、プロジェクトリーダーが目くじらをたてることは、そうはないだろう。全体の時間的枠組みが見えていて、全体の状況が把握できることが重要だからだ。もちろん、著しい遅れが発覚すれば、そのプロジェクトは後回しとか、こちらでやるからもういいといった判断が経営責任者たる妻から下されたり、メンバーから外されたりということも、起こらないとは言えないが。

ここで忘れてはいけないのが、彼女は大人ばかりのプロジェクトチームのリーダーではないということだ。仕事のプロジェクトチームと家庭内プロジェクトチームの大きな違いは、そのメンバー構成にある。家庭内プロジェクトチームの場合、乳児とか、幼児とか、反抗期のティーンエージャーとか、血はつながっていない親（義父母）など、足並みのそろわないメンバーばかりだ。当然のことながら、家事への参加の意向がなかったり、時間の計画性の存在さえ知らなかったりするメンバーも多い。

となれば、時間的観念があって、自分の作業スピードを推測でき、真っ当にコミュニケーションのできるサブリーダーの存在は非常に大きい。期待するところも大きければ、依存するところも大きいというのが、プロジェクトリーダーを自負する妻の正直な思いではないだろうか。

同時にまた、「プロジェクトの進行が大きく遅れているから」といって、遅れている部分を他の誰かに振り直したり、テコ入れに入ってもらうことが非常に難しいことは、プロジェクトリーダー自身が一番よくわかっている。そんなことをしたら、最終的には全部自分でやらなければならなくなってしまうのは、火を見るよりも明らかだ。そうした事態は回避したいと、彼女は思っているだろう。そうは思っていても、終わりそうもないと踏んだら、妻は踏み込んでくる。なぜなら、プロジェクトが一つ遅れると、その後の様々なプロジェクトがドミノ倒しに崩れる可能性を、彼女が十分認識しているからだ。

例えば、妻が残業で、今回は夫が子どもの世話を引き受けたとする。夜は九時には寝かせてと言われていたけれど、楽しそうな子どもに付き合ってビデオを見ていたら、就寝が一一時になってしまった。たまのことだし、すぐに寝たからよいだろうと、夫も添い寝しながら、眠りについた。といった話も、ここまでだと、よきパパの家事サポートの話に聞こえるが、「そのお陰で、翌朝、息子が七時に起きず、無理に起こしたものの不機嫌で大荒れ。結果朝家を出るのが一五分遅れ、登園させてから出勤した妻は遅刻……」となると状況が変わってくる。

就寝予定が大きくずれそうなら、まずは一言連絡を入れたい。


「すごく楽しそうにまだビデオを見ているから、寝るのが一一時ごろになりそうだ」

「明日、七時に起こしたとき、ぐずって登園できなかったら、あなたが連れて行ってくれるなら一一時就寝でもいいよ」


という返事が来たらどうだろう。

「七時に起きろよ」なんていう約束は、子どもには通じない。それでも、「楽しそうだから、今夜は遅くまで付き合って、明日は僕が保育園に連れて行こう」と思えば、一時まで付き合うもよし。いや、明日はこっちは七時出社だというのであれば、子どもが泣こうが怒ろうが、説得して布団に入れるのが正解だろう。

家の中のプロジェクトは、単体ではすまないケースが多い。それを円滑にまわしていくには、今やっていることがどれくらいで終わりそうか、それが遅れると、それ以降にどんな影響が出てくるかを念頭に置く必要がある。影響力の大きさが見えなければ、目の前の状況だけで判断せず、とりあえずは、連絡相談をしてみるのが、大人のやり方だ。

目の前の家事だけでなく、その日全体をうまく楽しく乗り切るために。そんな視点で、ぜひともこの作業はいつまでに終わらせようと思っている、終わる予定だというお尻は明確にしていきたい。そして、終わりそうもないとわかった時点での一言も重要だ。時間がずれ込む場合の連絡を入れることが、その後の連携をスムーズにするのは、家庭も職場も同じだろう。

## 51 作業の理由を確認する

多くの場合、妻の中には、家事のやり方や仕上がりについて「これが正解」がある。しかし、それがなぜ正解なのかは、実は本人もよくわかっていないことも、ままある。

知り合いのIさん夫婦は、妻は洗濯機でジャガイモを洗う家に育ち、夫はジャガイモは手で洗う家庭に育った。結婚して新婚生活を始めて、妻がジャガイモを洗濯機で洗ったら、パートナーに驚愕されたという。「なんで、洗濯機を使うんだ？」と聞かれても、Iさんには答えようがなかった。実家ではそうしていたのだから、それが当たり前だと思っていたのだ。それに、洗濯機で洗わないとすると、じゃあ、一体どうやってジャガイモを洗うのか。彼女にはそれも見当がつかなかった。

Iさんのパートナーは、「泥のついたジャガイモを洗濯機で洗うと、洗濯機が汚くなるからやめてほしい。泥を落とすのはバケツでやってくれ」と説得を試みた。ところが、「洗濯機はもともと汚れを落とす機械だから、泥のついたジャガイモを入れても、特に問題はない」というのがIさんの考えだ。話は平行線をたどった。最終的には、「洗濯機以外でジャガイモをどうやって洗えばいいかわからない」というIさんの主張を基に話しあい、パートナーがジャガイモをバケツの中で手で洗うことになったという。

新生活を始めるにあたって、ふたりのスリッパを用意して使い始めたというSさんは、パートナーの男性がスリッパを履いたまま畳に上がる姿を見てびっくり仰天した。「畳ではスリッパは脱いでもらえない？」とSさんはパートナーに提案した。しかし、「畳も床は床。なぜ、板の間で履いているものを、わざわざ畳に上がるときに脱がなければならいんだ？」と納得しなかった。「掃除の仕方だって、板の間と畳で変わるわけでもないじゃないか、と言われて。結局、私が彼を説得するだけの理由が見つからなくて、こちらが妥協することになりました」とSさんは言う。しかし、長年畳ではスリッパを履かないものだと思い込んできた彼女は、どうしてもスリッパで畳に上がるのに抵抗がある。「だから、私自身は畳に上がるときはスリッパを脱いでいますが、彼がスリッパで畳に上がるのに文句を言うのはやめました」。

小さなことのようだが、日常の生活というのは、こうした小さな家事・習慣の積み重ねだ。そして、こうした家事のやり方の違いは、一緒に生活をしてみて初めて気づくことが多い。何を汚いと感じるか、何をおかしいと感じるかは、育った環境や生活習慣に由来することも多く、ロジカルに理由がないことも多い。

だからこそ、家事をシェアする上で、妻からやり方について指示が出たときに、納得のいかない指示については、鵜呑みにせずに、どうしてそうする必要があるのか、軽く聞いてみることをおすすめしたい。肝は「軽く」聞くことだ。詰問したり、相手を説き伏せようとするのではなく、まずは、「なんでそうなの？」と、聞いてみる。もちろん、納得のいく理由があれば、それを採用すればいい。

K氏は、妻に「バスタオルは毎日洗わなくていいから、ちゃんと広げてかけて、十分乾かして」と言われた。「独身の頃、僕は、毎日洗っていたんですけど」とK氏。「ところが、妻は、「体を洗ってから拭いているんだから、汚くない」というんですよ。だから、二〜三日に一回洗えばそれで十分なんだ、その代わり、ちゃんと干せということなんです。最初、そう言われたとき、毎日タオルを洗っていた僕としては、そんなんで大丈夫なのかと思いましたけど。でも、言われてみれば、確かに洗った体だしな、みたいな。バスタオルを一回使っただけで洗うなって言われるより、洗った体を拭いているからいらないと言われると、理にかなっているかなと」。以来、K家ではバスタオルは二〜三日に一回の洗濯でOKが共通ルールになったという。

説明を求めたときに、こうした論理的な話になれば、こちらの言い分も話し、双方納得の上で方針を決めればいい。ところが「謎の理由」や感情論が出てくることもある、とK氏は笑う。「バスタオルをホテルの畳み方みたいにしろって言われたときは「は?」ってなりました。「三つ折りでええやん」って僕は思うわけです。そこだけはバトりました。いくら妻に「こっちの方がきれいやんか」って言われても「知らんがな」ですよ」。

大分バトルをしたとはいえ、心優しいK氏は、最終的には、折れて、彼女の好む畳み方を覚えたという。が、例えば「どうしても、君のようにうまくは畳めないから、畳むのは君に頼みたい」と、自分は手を引いて相手に任せるやり方もあるだろう。特に、納得しがたい「謎の理由」や、手間がかかって、失敗しそうなもの、うまくできなくてかえってもめ事の種になりそうなものについては、「自分には無理そうだから、お願いします」とやんわり境界線を引いて、相手に任せてしまうのも一案だ。

肉を洗う習慣のある家庭で育った人は、洗わなければ気持ちが悪い。「気持ちが悪い」という感情的な部分はなかなか譲れない。肉を洗わないと起きるデメリットを説明できるわけではないが、習慣だから、洗わなければ我慢できない。けれども、「え？　肉って洗うものなの？」という人は、ついつい洗い忘れてしまう。こんなカップルの場合も、「洗うの忘れちゃうから、肉料理は任せるよ」と兜を脱いでしまった方が、もめないし、何より、お互いに納得の上で、作業の棲み分けができる。

ささいなことのようだが、育った家庭の習慣が違えば、家事の常識も違ってくる。夫が理由を聞いてみることで、お互いの認識のずれに気がつく。尋ねられることで、「そういえば、何でかしら？」と妻も自分の家事を見直すきっかけになる。一方、理由を尋ねることで、夫の方は修正案を出しやすくなる。

その後、どちらかの方法にしたがうのか、あるいは、二つのルールを共存させるのか、さらには、「君のルールは、僕が実践するのはかなり大変そうだ。ここは君のテリトリーとして、君に任せるよ」と一線を引くのかは、ケースバイケースだ。

大事なのは、こうやって理由を聞き、話をしながら、お互いの生活習慣に気がついていくことではないだろうか。その上で、一線を引いて棲み分けるなり、共同で作業するなり、というやり方を、双方納得の上で決めていけばよいのだと思う。

## 52 参考までに……聞いてみる

「ちょうど妻が入院する一ヶ月くらい前に、たまたま妻がロボット掃除機を買ってきてね。新兵器を買ったんだな、とは思っていたんだけど、使い方を聞いておかなかったんだよ」

というのは、急病でパートナーが入院したY氏の体験談。Y氏は、突然振ってきた家中の家事と、パートナーの看病に追われた。もともと、家事上手だったことが幸いし、自炊をしながら、部屋の中も家にあった箒で毎日こまめに掃除をしていたという。

「じゃあ、試さなかったんですか、ロボット掃除機?」と聞くと、

「使い方がわからなかったからね。壊しても困るし」。

手間暇かけて知らないことに挑戦するよりは、旧式でもやり方のわかっている掃除方法の方が確実だというのは賢明な判断ではある。

そして、待ちに待ったパートナーの退院の日。家に帰ると彼女は、真っ先にポンとロボット掃除機の中央にある丸いボタンを押した。

「あのボタンを押すだけだったんだね。毎日掃いていたのに、ロボットが掃除したら、すごくキレイになって驚いたよ。やっぱり、事前にやり方を聞いておけばよかった」。

実は、我が家でも全く同じことがあった。ロボット掃除機で掃除をしておいてほしいと頼んだが、「やり方がわからない」と言う。仕方がないので、目の前で、本体のど真ん中にある「Clean」というボタンを押して見せた。ロボットが動き出したら、「なんだ、それだけか」と新社会人。確かに「それだけ」だ。が、普段、動いているところは目にしても、スタートのさせ方を知らなければ、どうしたらいいのか、見当がつかないのも想像に難くない。そして、決して安いものではないから、壊せばえらいことになる、という計算も、ますます、「どこか適当に押してみる」ようなバカなまねをさせにくくする。

掃除機のスイッチ同様、種明かしをすれば、「なんだそんなことか」と思うようなことでも、聞く相手がいないとどうしていいかわからないことが案外多いのが家電製品だ。洗濯機も、「全部自動でやってくれる」というと、「洗剤はどうするのか？」という質問が出たり、「全部やってもらったら、洗い上がったときにどうしてわかるのか」という疑問が出てきたりする。

炊飯器にしてもしかり。「お米は研いでから入れるの？　炊飯器の中で研ぐの？」から「ご飯残ったらどうするの？　スイッチ切るの？　そのまま放っておいていいの？」まで、普段全部お任せの人には、実際に作業をしてみるとわからないことがいろいろ出てくる。だから、我が家に新兵器がきたら、「参考までに聞くけど、これはどうやって使うの？」と聞いて、簡単に手順を教わっておくとよい。その場ですぐに使いこなせるようにならなくても、基礎知識として、知っておいて損はない。

もちろん、家族全員にとってお初の新兵器ならば、いろいろ実験しながら試してみるのもまた楽し、だ。やり方がわかっているリーダーがいるときは、その人にいろいろ聞きながら、とりあえず、一連の作業を見てみる（あるいはやってみる）と、緊急事態に慌てなくてすむ。もちろん、これなら簡単だからやってみようと思えれば、それを買って出る手もある。

それと同時に、「参考までに」と、あれこれ聞いてみることは、家事に関心を持っていることを相手に伝えるよいきっかけになる。仕事だって、こちらが工夫してやったことや、新たに導入したものに対して、何の関心も示さない同僚より、一緒にやろうと言わないまでも、関心を示してくれる同僚の方が、コミュニケーションはうまくいく。相手も何かのときに相談しやすいだろう。

緊急事態が起きてからあわてて使い方を聞くのでは、「困るとこっちに押し付ける」と思われかねない。心の余裕がない切迫した段階でのやりとりは、シビアなものになりがちだ。

そういう意味でも、日頃から、深くコミットしないまでも、家事に関心を持っていることを示しておくことは、コミュニケーションと家事の引き継ぎを円滑に進める上で重要だ。「参考までに」「一応教えてくれる？　また聞くかもしれないけれど」と、予防線をはりつつも、家事に関心を持ち、できることを増やしておくことは、長い目で見ると、家庭の平和をもたらすだけでなく、転ばぬ先の杖になってくれる。

家事は妻の愛情を測る道具ではない。一人ひとりが自立した生活をしていく上での基本的なテクニックだ。日々のやりとりを通じて、テクニックを習得し、実践していければ、まずは、うまかろうとうまくなかろうと、気にすることはない。家事は慣れの部分が大きいので、続けていれば、自然とテクニックは向上していくのだから。

# 終章　家事シェアの工夫で、夫婦関係がもっと良好に！

## 53 完全な縦割り分業で摩擦の少ない家事シェア

平日は夫が家で食事をとることはないというキヨシさんとサトコさん夫妻は、キヨシさんのいる休日はキヨシさんがご飯を作ると決まっている。もともと、料理好きだったキヨシさんと、平日の食事を全面的に引き受ける妻のサトコさんとの家事シェアは曜日による縦割りだ。「妻からは喧嘩すると、土日の料理を作ったくらいで家事やったと思ってんじゃねぇよって言われるんですが」と苦笑いするキヨシさんだが、お子さんが物心ついたときから、「お父さんが家にいるときはお父さんがご飯を作る」生活パターンだ。

毎週末作るようになり、子どもが成長してくると、子どもに喜んでもらえるのがうれしい。お陰で、平日も、ついつい、「きょうの料理ビギナーズ」を始め、ビデオ類をチェックしてしまうそうだ。献立作りにも余念が無い。当然、離乳食にも、子どもの好き嫌いにも、母親のサトコさん同様に深く関わってきた。家で食べるときもお弁当箱に入れると、子どもの食が進むことを発見したキヨシさんは、最近お弁当作りに挑戦している。「アンパンマンの型にご飯を入れたり、彩りのよい三色丼をお弁当箱の中に入れてみたり」といった工夫も、欠かさない。

五年近く、家族の週末の食事作りを続けてきたキヨシさんは「続けてやっているから面白い」と継続の重要性を強調する。食事作りはお手伝いでもなければ趣味でもない。家族の嗜好や栄養を考え、自分の食べたいものを作る。失敗しても、週に二日作れば、その失敗は次に生かすことができる。上達することで達成感を得ているところもある。加えて、子どもの成長とともに、食事の幅が広がる。子どもの食についても、現状を把握でき、食材の価格動向なども実感しているので、妻とのコミュニケーションもうまくいっている。

作業中は、お互い、台所には立ち入らない。週末、作業を始める前に、キヨシさんは多少台所の物の場所を置き換えて、自分仕様にするという。「あまり意識はしていないですけど、でも、毎週そうしている」とキヨシさん。ということは、月曜になるとサトコさんが台所をサトコさん仕様に微調整しているのだろう。そう聞き返すと、「多分そうですね。そうやって、ちょっと自分仕様にしながら、共存しているんです」とキヨシさんは笑った。

たかが計量カップでも、「いつもの場所にないとイラっとする」というキヨシさん。継続的に料理を引き受けるようになってから、「主婦が台所に人を入れたがらない気持ちもなんとなくわかるようになった」という。こうして、曜日ごとの縦割りの分業で作業を棲み分けることで、家事の摩擦を避けながら、うまく家事をシェアしている。

「子どもが物心ついたときから、少なくとも土日は僕が食事の担当。そういう意味で、明らかに僕らの世代とは全く違う環境では育っているわけで、そんな子どもが将来どうなっていくのかなと、楽しみですね。料理はお母さんが作るものっていう先入観を持たない子になっているんですから」。新世代の女性の未来にも、キヨシさんは大きく関わっていると言える。

## 54 細かい注意を受け流すことで、コミュニケーションに成功

マリコさんとタツヤさんは結婚七年目。一人暮らしの長かったタツヤさんは、職場で管理職として働くマリコさんとほぼ半々に家事をシェアしている。とはいえ、結婚当初は、細かいやり方の行き違いはいろいろあった。「例えば」とマリコさんが言うのは、タツヤさんが飲料のフタをきっちり締めないこと。

「なんでギュッと締めないのかと思うんですよ。炭酸のジュースとかも、ふわっと締めるから炭酸が抜ける。それってただの砂糖水ですよね。もっとちゃんと締めようよ、っていうんです」。ところが、彼女が注意すると、タツヤさんは、「あ、そうか」とケロっとしているそうだ。

「もっとちゃんと締めてよ」「またちゃんと締まってないじゃない」というイライラとともに、やり方を注意しても、彼は彼女のイライラをスルーして、指示だけを受け止める。「最初は正直、え？　って。「あ、こっちの感情は受け止めないんだ」みたいな気持ちには

なりました」。しかし、スルーされ続けているうちに、その方が健全で、コミュニケーションもうまくいくことに、マリコさんが気がついた。

「スルーされると、そのときは、「あれ？」って肩すかしを食らったような気分にはなりますが、感情を正面から受け止められたら、泥沼が始まりますよね」と笑う。そして、「要望と感情を渡しても要望しか受け取らないので、だんだん私も要望だけを渡すようになってきました」と。

タツヤさんが、マリコさんの感情を受け止めて、「文句を言うなら、もうやらない」「だったらお前がやれよ」と言い返せば、彼女の言うとおり泥沼になる。しかし、彼が妻からの指示だけを黙って実行するうちに、マリコさんが理想的なコミュニケーションの方法を身につけ、お互いに気持ちよく共同作業ができるようになってきた、と言えるだろう。

「昼間はお互いに仕事に出ているから相手のことはわからない。一〇時に帰宅してからは、食事作って、片づけて、寝るまでほぼ家事。昼間は別々なのに、帰宅後もＴＶを観るだけでコミュニケーションをとらないんじゃ、もったいない」とタツヤさんは言う。そんな思いもあって、一緒に台所に立ち、話をしながら作業をする。

「家事ってなんですか？」改めてタツヤさんに聞くと、「二人で一緒に生活しているっていうことを実感させるもの」という答えが返ってきた。

# あとがき

「家事シェアって口では簡単に言うけど、実際には、価値観のぶつかり合いだから、簡単じゃないよねって思うんです」。取材のときに出てきた、共働きの三〇代男性の言葉だ。シェアするのは、二人のやり方のせめぎ合いだから、どうしても摩擦が増える。

汚れ物をどう洗い、どう干し、どう畳むか。在宅勤務で家事を中心になってまわす四〇代の男性は「妻の洗濯物の畳み方が気に入らなくて、時間があれば畳み直します。自分がこう畳むっていうやり方があるので、そうします」という。

「これ、俺のやり方と違うよねっていうことが発生して、それが二度手間になるっていうことの繰り返し。家事シェアって言葉はいいけど、言ってみればそこに紛争の種がある」という意見も。一方で、「相手にこうしなさいとは言えない。家庭内平和のために言わない。いちいち言ってもね。言わなくてもまた、それはそれでストレスだったりします」という声も聞こえてくる。

だったら、無理してもめながらシェアする必要はないだろう。どっちかが全面的に引き受ければいいのではないか。「今の日本では、どうしても女性に家事が偏るのは避けられない。それをどうするかはなかなか適正な解がない。無理にシェアすれば、摩擦も増える」だから、女性にやってもらえばいい。そういう意見もある。

一九六〇年代から七〇年代の日本は文字通り、妻が全面的に引き受けるのが正解という発想で、女性が家事を担ってきた。女中兼女将としての専業主婦と、ほぼ家に戻らない企業戦士の夫という組み合わせで、驚異的な高度経済成長を成し遂げたのだ。経済は牽引したが、育児にも携わらず、家事もできない経済戦士達が定年で家にいつくようになったとき、妻達は喜んだだろうか。振りほどこうとしてもまとわりついてくる、家事のできない子どものような夫達は「ぬれ落ち葉」などと揶揄《やゆ》され、妻が体調を崩したり要介護にでもなろうものなら、子ども達を巻き込んでの大騒ぎ。

一方、全てを自分でやるのが妻の鑑だ、とすり込まれて育ってきた専業主婦は、他人に家事を託せない。高齢になって自分一人では家事がまわせなくても、夫の介護でヘトヘトになっても、家にヘルパーさんがくるのを嫌がり、自分で頑張ると言いはる。夫の介護に疲れ果て「こんなはずではなかった」と嘆く声もそこここから聞こえてくる。それでも、他人に家事を採点されそう、全部一人でやって一人前という呪いから抜けられない彼女達。

唯一、彼女が受け入れる手伝いは指図しやすい娘だけという構図。

この分業システムの帰結を教訓として、多少の摩擦が生じても、家事を分担することが、穏やかな人生の第一歩ではないかと思う。自分のやり方が絶対に正しいわけではない。あなたにはあなたのやり方があって当然。でも僕はこのやり方でいく。そんな家事の共存は、家庭内ダイバーシティーの第一歩だ。夫のやり方を認め、妻のやり方も受け入れる。みんな違ってみんないい。家族のやり方を受け入れることは、家の外のもっと違う人達のやり方を受け入れ、一緒に暮らす土壌を作る。

同時にまた、家事は会話の入り口でもある。「なんでそういうやり方をするの?」「こうやったらうまくいったよ」「こんなやり方もあるらしいけど、どうだろう?」そんな些細なやりとりがある家族は、コミュニケーションの歯車がうまくまわっている。

摩擦転じて会話が広がるのであれば、摩擦も捨てたものではない。せっかく一緒に住む家族なのだから、お互いの育ってきた背景、それぞれの親のやり方を楽しみつつ、楽しく暮らしたいものだ。誰かを犠牲にすることなく、できる範囲で家事をまわす。そんな日々の積み重ねで、それぞれが自立した暮らしができれば、日々の暮らしも充実していくのではなかろうか。

そのファーストステップとして、まずは、家事の方向のすりあわせを。本書を通して、わずかでも、それまでの摩擦が会話の糸口に転じれば、本書の目的はほぼ達成されたことになる。

末筆になりましたが、インタビューに応じてくださった皆様、各種座談会にご参加下さった皆様、そして、本書の企画編集にご尽力いただいた平凡社新書編集部の濱下かな子さんと進藤倫太郎さんに心からお礼申し上げます。

二〇二一年三月十一日

著者

## 出典一覧


はじめに

＊1　https://www.rinnai.co.jp/releases/2020/1013/

第一章

＊1　https://www.hakuhodo.co.jp/uploads/2018/06/20180702.pdf
＊2　https://www.metro.tokyo.lg.jp/tosei/hodohappyo/press/2020/09/14/10.html
＊3　https://prtimes.jp/main/html/rd/p/000000081.000030113.html
＊4　https://www.kao.co.jp/lifei/life/report-11/
＊5　https://www.recruit.co.jp/sustainability/data/iction/pdf/workingcouple2019_106.pdf
＊6　加藤道代・神谷哲司「父親の子育て関与に対する母親の批判行動――幼児をもつ父親を対象に」日本心理学会第八二回大会報告（二〇一八年九月二十五日）
＊7　https://kurelife.jp/news/2020/07/03/314707/
＊8　https://www.nri.com/-/media/Corporate/jp/Files/PDF/knowledge/report/cc/mediaforum/2020/forum
＊9　https://happywoman.online/wp/wp-content/uploads/2020/06/research_vol1.pdf
＊10　https://classy-online.jp/lifestyle/32723/

＊11　『やまばと』四六五号、二〇一四年七月一日。日本赤十字看護大学名誉教授　川嶋みどり先生談
牧ノ原やまばと学園理事長　長沢道子氏　記
＊12　『それでも一緒に歩いていく』牧ノ原やまばと学園五十年誌編纂委員会、ラグーナ出版、二〇二一年
＊13　https://ameblo.jp/ryouimania-w/entry-12339672045.html
＊14　https://souken.zexy.net/data/divorce/divorce2016_release.pdf
＊15　加藤道代・神谷哲司「父親の子育て関与に対する母親の批判行動——幼児をもつ父親を対象に」日本心理学会第八二回大会報告（二〇一八年九月二十五日）

第二章

＊1　https://cs2.toray.co.jp/news/tbr/newsrrs01.nsf/0/58BB8EB69E2BEE1249258367001CF1F9/$FILE/K1812_055_060.pdf
＊2　http://www.ipss.go.jp/ps-katei/j/NSFJ6/Kohyo/NSFJ6_gaiyo.pdf
＊3　https://publications.asahi.com/aera/pdf/160530/tomobataraki.pdf
＊4　https://www.microsoft.com/ja-jp/office/pipc/template/result.aspx?id=13427
＊5　https://yieto.jp/
＊6　http://repository.hyogo-u.ac.jp/dspace/bitstream/10132/18110/1/ 発達心理臨床研究 25-5.pdf
＊7　https://woman.excite.co.jp/article/child/rid_Conobie_9585/
＊8　『日本臨床麻酔学会誌』四〇巻二号、一七九〜一八五頁、二〇二〇年

＊9 https://greenz.jp/2013/11/19/fathering_japan_kansai/
＊10 https://ikumen-project.mhlw.go.jp/voice/search/?p=2
＊11 https://www.recruit.co.jp/sustainability/data/iction/pdf/workingcouple2019_106.pdf
＊12 https://www.recruit.co.jp/sustainability/data/iction/ser/mhousework/002.html#jump01
＊13 https://president.jp/articles/-/21653
＊14 https://www.recruit.co.jp/sustainability/data/iction/ser/mhousework/002.html#jump01_03
＊15 https://president.jp/articles/-/21653?page=2
＊16 https://www.mhlw.go.jp/toukei/saikin/hw/syusseiji/06/kekka2.html

第三章

＊1 https://www.recruit.co.jp/sustainability/data/iction/ser/workingcouple2019/106.pdf
＊2 https://ikumen-project.mhlw.go.jp/voice/search/?p=4
＊3 https://www.53cal.jp/
＊4 https://www.youtube.com/watch?v=TiTa89z7wbs
＊5 https://www.mckinsey.com/business-functions/strategy-and-corporate-finance/our-insights/improving-the-management-of-complex-business-partnerships#
＊6 https://ie-men.jp/couple/fufu/934
＊7 https://note.com/kamadaman/n/n7af17801fe04

第四章

*1 http://www.ipss.go.jp/ps-katei/j/NSFJ6/Kohyo/NSFJ6_gaiyo.pdf

*2 https://www.recruit.co.jp/sustainability/data/iction/ser/mhousework/001.html#jump03_02

*3 https://www.nli-research.co.jp/report/detail/id=61863?pno=2&site=nli

*4 https://st.benesse.ne.jp/ikuji/content/?id=1837

*5 http://npotadaima.com/2016/07/01/20160701230335/

*6 「妻の家事負担感と夫の家事遂行――記述回答からの分析」藤田朋子『女性学研究』二一号、一四二～一六一頁。URL http://doi.org/10.24729/00004863

*7 https://allabout.co.jp/gm/gt/511/

*8 https://www.bbc.com/future/article/20190606-how-to-be-a-good-father-to-a-newborn-son-or-daughter

*9 https://fatherhood.global

第五章

*1 https://girlschannel.net/topics/category/family/

*2 https://www.j-milk.jp/knowledge/products/8d863s000007z1wa.html

第六章

*1 http://group.dai-ichi-life.co.jp/dlri/ldi/news/news0610.pdf

＊2　https://kyodonewsprwire.jp/prwfile/release/M101037/201911183599/_prw_OR1fl_K42kXK88.pdf
＊3　http://www.fuanclinic.com/dr_yo_h/dr_y_55.htm
＊4　https://ddnavi.com/serial/628438/a/
＊5　https://news.livedoor.com/article/detail/15910792/
＊6　https://www.dannadesu.com/
＊7　https://guide.michelin.com/en/article/features/kitchen-language-what-is-omakase
＊8　https://www.sbfield.co.jp/cms/wp-content/uploads/2020/03/30943105fd5334cf6473f4508
3d19456.pdf
＊9　https://www.jeki.co.jp/field/imafami/pdf/201811.pdf
＊10　https://zexybaby.zexy.net/taikenki/entry/2018/04/19/220000
＊11　https://kiminomiki.work/ ベビーフードはジャンクじゃないよ！【webメディ/
＊12　https://twitter.com/usagitoseino/status/1201266381489987585/photo/1
＊13　「亭主が変われば日本が変わる！」『サインズ・オブ・ザ・タイムズ』二〇二〇年五月号

【著者】
佐光紀子（さこう のりこ）
1961年東京都生まれ。国際基督教大学卒業。繊維メーカーや証券会社で翻訳や調査に従事後、フリーの翻訳者となる。ある本の翻訳をきっかけに、重曹や酢などの自然素材を使った家事に関する研究を始める。2002年に『キッチンの材料でおそうじする ナチュラルクリーニング』（ブロンズ新社）を出版後、掃除講座や執筆活動を展開。16年、上智大学大学院グローバル・スタディーズ研究科博士前期課程修了（修士号取得）。著書に、『もう「女の家事」はやめなさい――「飯炊き女」返上が家族を救う』（さくら舎）、『家事のワンオペ脱出術』（エクスナレッジ）、『家事は8割捨てていい』（宝島社）、『「家事のしすぎ」が日本を滅ぼす』（光文社新書）など多数。

平凡社新書971

なぜ妻は「手伝う」と怒るのか
妻と夫の溝を埋める54のヒント

発行日――2021年4月15日　初版第1刷

著者――佐光紀子
発行者――下中美都
発行所――株式会社平凡社
東京都千代田区神田神保町3-29　〒101-0051
電話　東京（03）3230-6580［編集］
　　　東京（03）3230-6573［営業］
振替　00180-0-29639
印刷・製本―株式会社東京印書館
DTP――株式会社平凡社地図出版
装幀――菊地信義


ISBN978-4-582-85971-3
NDC分類番号367.3　新書判（17.2cm）　総ページ240
平凡社ホームページ　https://www.heibonsha.co.jp/